隔代育儿
不是那么简单

我的
隔代育儿
生活

张思莱——著

中国妇女出版社

图书在版编目（CIP）数据

隔代育儿不是那么简单 ：我的隔代育儿生活 / 张思莱著 . -- 北京 ：中国妇女出版社，2020.8
ISBN 978-7-5127-1884-5

Ⅰ．①隔… Ⅱ．①张… Ⅲ．①家庭教育 Ⅳ．① G78

中国版本图书馆 CIP 数据核字（2020）第 129872 号

隔代育儿不是那么简单——我的隔代育儿生活

作　　者：张思莱　著
责任编辑：应　莹　耿　剑
封面设计：尚世视觉
责任印制：王卫东
出版发行：中国妇女出版社
地　　址：北京市东城区史家胡同甲 24 号　　　邮政编码：100010
电　　话：（010）65133160（发行部）　　65133161（邮购）
网　　址：www.womenbooks.cn
法律顾问：北京市道可特律师事务所
经　　销：各地新华书店
印　　刷：北京通州皇家印刷厂
开　　本：170×230　1/16
印　　张：18
字　　数：218 千字
版　　次：2020 年 8 月第 1 版
印　　次：2020 年 8 月第 1 次
书　　号：ISBN 978-7-5127-1884-5
定　　价：59.80 元

推荐序

隔代养育是中华民族传承久远的一种教育方式，也是当下在我国仍比较普遍存在的社会现象。张思莱医师比较早就关注到这一领域的问题，她立足当下幼儿托育与中国老龄化国情，结合自己隔代育儿的亲身经历，吸收了国内外的最新研究成果，从医学、心理学、教育学、社会学等多维视角，为众多的“中国式”隔代养育家庭提出了切实有效的“三代共养”新理念和新方法。该书的出版，为广大隔代养育家庭带来了福音，我认为张思莱医师做了一件非常有意义的事。

我认识张思莱医师是在2016年4月她参加中国关工委儿童研究中心举办的中国母婴健康成长万里行启动仪式上，2017年1月在中国母乳库推广项目新闻发布会的场合再次相逢，并在2018年“中国母婴公益杰出人物”颁奖仪式上为她颁奖。她是让我敬重的医学界的同行，不仅因为她曾经是一位知名儿科专家，还因为她的知识分子的社会责任和人文情怀，中华民族“老吾老以及人之老，幼吾幼以及人之幼”的传统美德在她身上得到了集中体现。她一生笔耕不辍，撰写出版的《张思莱育儿全典》被奉为育儿经典，荣获科技部颁发的中国优秀科普作品奖（母婴健康类科普唯一入选的作品）。她以极大的热情，二十年如一日坚持公益育儿科普工作，成为中国最具影响力的育儿专家之一，先后在全国妇联、中国关工委儿研中心的科普活动中担任核心讲师，足迹遍及全国80多座城市，科普讲座230多场，听众场场爆满，直接覆盖25万组家庭，被广大孕产妇和妈妈们亲切称为“国民奶奶”。她通过微博、微信公众号等平台，为广大孕产妇和年轻父母回答了数亿次的提问和咨询，连续多年获评新浪微博十大影响力育儿大V，粉丝386万，公益科普活动微博点击率20多亿次，世界卫生组织驻华代表处专门致函表彰她对传播医学知识的贡献。应该说，在为广大母婴家庭奉献爱心的事业中，张思莱医师老有所为，壮心不已，活出精彩的人生“下半场”。

相信这本书能够帮助到更多家庭！

张梅颖

十届、十一届全国政协副主席

让爱在生命的长河中传递

小学时代，我的暑假都是在妈妈当时工作的平谷县医院（现北京平谷区医院）宿舍里度过的。妈妈大学毕业后因为家庭成分问题被分配到远郊区医院工作，爸爸在附近的厂里做工程师，我们的小家离北京白塔寺姥姥姥爷家的四合院很远。暑假，我在医院的食堂里自己打饭，在医院的医生浴室里自己洗澡；如果有急事找妈妈，我要穿过长长的病房走廊。六七岁时我就看到过人间的生老病死，所以我比同龄孩子更早熟。妈妈常常要半夜出急诊、上夜班，就连她自己胆结石发作，也要挣扎着爬起来工作，这可能是我童年时代最害怕的场景之一。那时最期盼的就是星期天，老乡们为了感谢妈妈，常常带来一点儿土鸡、山果放在诊室；爸爸会带我到附近的水库钓鱼，每次去我俩居然还能有些收获。妈妈极其能干，星期天我早上和中午总可以在家吃到妈妈做的美味菜肴。我从小就知道妈妈是个“天使”，所有的医生都是“天使”。因为妈妈要帮助很多人，没有那么多时间，所以我要自己管好自己。

从记事的时候起，我就住在姥姥姥爷位于白塔寺的四合院里，直到长大。姥爷知识非常渊博，家里的电器都是他自己装配修理，他还会给我拿小铁锅熬糖做糖葫芦吃。和姥爷一起学习不能偷懒，如果不认真读书一定会被罚站。我可以问他无数个问题，姥爷都能回答得深入浅出，解释得特别清楚。小学低年级时，姥爷早上都会先送我去学校，然后骑车去西四帮我买刚出炉的小圆面包。当时姥爷是纺织工业部的专家，精通四国语言，那时中国大部分的纺织厂都是由他设计电器部分。可对于我而言，他就是一个普普通通的姥爷，他教我读书、和我一起做小吃、教会我做人的道理。姥姥非常勤劳，她带着我和我的小表哥一起长大。她家教很严，不惯孙辈，从小培养我们独立、自律、有礼貌。小时候，我从来不觉得爸爸妈妈不在身边是个问题，在姥姥姥爷身边的童年是安全而温暖的。

小学三年级以后，妈妈和爸爸先后调回北京市区工作。后来，我从一个极其普通的小学被保送到北京四中。妈妈是个完美主义者，我也想竭尽全力事事都做到最好。爸爸每天傍晚都和我一起散步，他总是很认真地听我讲在学校的经历，从来不评判对错。在我成长的年代，爸爸是非常独特的，他一直和其他家人、朋友讲，他和我是平等的，他就是我的朋友，无条件地爱我、给我自由是他一生的责任。爸爸让我一定要轻松地面对所有挑战、张弛有度，因为人生除了生离死别，其他的挫折都可以忽略不计。爸爸说：“你看，我一直也没给自己设立什么目标，也做成了很多事，人生也很自由，有什么不好呢？”爸爸妈妈给了我可贵的平衡，一个自律精进，同时豁达通透的人生态度。

时光荏苒，跌跌撞撞中我居然也成了两个男孩的母亲。当然，你完全可以想象，我也无法成为妈妈眼中的“完美母亲”。我曾经跟妈妈嘟囔因为工作太忙，身边的其他职场妈妈似乎晚上也无法自己带宝宝，可不可以自己夜里不带儿子。妈妈白了我一眼，说道：“2岁以内是亲子依恋关系建立的关键期，你白天见儿子的时间本来就很少了，晚上加周末自己带孩子可以让你勉强达标。你自己选择吧。”我咬咬牙，坚持只要是不出差的时候，晚上都是自己照顾儿子。今天看来，当初的坚持是值得的。妈妈还要求学校活动家长不可以缺席，要把孩子的教育当成人生事业最重要的一部分。于是，我和志勇坚持每周和儿子们谈心、和老师及时沟通情况，让孩子们能够爱上阅读、爱上运动，在学校里结识很多好朋友。当十几岁正值青春期的铭铭和我坐在自家楼梯上，我俩进行了2小时的“灵魂对话”；当恒恒在幼儿园里画日记，上面记录的是爸爸带着他踩着秋天沙沙的落叶去上学，他俩笑眯眯地望着五彩斑斓的满地落叶……我知道妈妈是对的，这些坚持都是值得的。

为了我们的两个儿子，妈妈付出的更多。在她频繁的讲课、写书和公益活动之外，妈妈就像一个“超人”姥姥，帮两个外孙安排健康均衡的饮食，建立科学规律的生活习惯，培养读书和学习的兴趣。每天早上，妈妈都是4点半起床，看书写书、编演讲稿、在微博里答疑解惑，然后开始安排两个外孙的早餐，教恒恒认字、读故事。恒恒和铭铭的很多个寒暑假都是在北京姥姥姥爷家度过的。他们和我小时候一样，和姥爷在紫竹院公园里散步聊天，姥爷不经意地讲着人生的很多道理。

有时看着儿子们的成长，恍惚间我会想起北京白塔寺四合院里那个五六岁大的小姑娘，坐在大槐树下，拿着姥姥刚烙好的热气腾腾的春饼和香椿鱼，和姥爷讲着人从哪里来，又会到哪里去。“隔代育儿，”我的爸爸说，“这是爱在生命的长河里延续、传递，每一代从来不会想到回报；这是上一代对下一代的爱和承诺，沙莎，以后你就会慢慢明白。”

希望妈妈的新书对您的家庭，对长辈和年轻父母都有帮助和启发。让我们在爱中陪伴孩子成长，以爱为传承，一起慢慢体会生命全部的意义。

沙　莎

麦肯锡全球资深董事合伙人

家有一老，如有一宝

隔代育儿在国内是个绕不过的话题。欧美国家的传统文化是“谁生的孩子谁来带”，因而欧美家庭中妈妈在生育后成为全职主妇的确实占了很大比例；祖父母辈平时只是来探望自己的孙辈，并不参与孩子的抚养。但是在国内，我们的传统主流文化是“大家庭观念”，而且很多妈妈在产假后也会重新工作，祖父母辈帮忙带孩子是普遍现象。这对于事业处于上升期的年轻妈妈们来说，绝对是雪中送炭啊！但是在现实生活中，“雪中送炭”很多时候却变成了“火灾现场”。如何带孩子这个问题经常成为引发家庭矛盾的焦点。毫无疑问，宝宝是爸爸妈妈的心头肉，也是爷爷奶奶、外公外婆的心肝宝贝，大家的出发点都是“为了宝宝好”。那么，为什么会引发矛盾呢？

我觉得最根本的原因可能还是对孩子的教育理念不合，从而造成了具体做法上的冲突。在这个问题上我无疑是幸运的，由于岳母是儿科专家、自媒体育儿大V，因此我们家的育儿理念都是由岳母主导的，也取得了不错的效果。就举一个切身例子，我小时候经常因患感冒发烧去医院，现在回想起来可能是因为我的奶奶太疼爱我了，冬天给我穿很多衣服，生怕冻着了生病；结果适得其反，稍微一运动就捂出一身汗，被风一吹，反倒感冒了。而我的两个儿子在岳母的照料下，从来没去医院看过病，这与平时的科学喂养、良好的卫生习惯和作息时间使得身体具备高免疫力是分不开的。岳母非常不主张一感冒发烧就送医院，打点滴。在我的印象中，铭铭和恒恒偶尔感冒发烧，我们也从不送医院，都是卧床休息、物理降温，最多喝点退烧糖浆。因为岳母告诉我们，感冒没有特效药，吃抗生素没效用，反而增加了耐药性。

因此，我向大家推荐岳母的新书《隔代育儿不是那么简单》，书中有很多育儿理念和具体的实战经验，建议孩子的父母和祖父母们一起阅读交流，在“育儿理念”这个根本问题上进行协调和统一。同时也建议大家阅读岳母的畅销书《张思莱育儿手记》《张思莱科学育儿全典》，特别是对于第一次为人父母的年轻人来说，“照着书养”总是不错的！

还有一点想和大家分享的是：曾经有朋友问我，如果条件允许的话，是不是完全自己来带孩子，不让爸妈参与会更好？这个问题我仔细考虑后，觉得还真不一定。因为我感到老人对孙辈的爱绝对是发自内心的，这和父母对孩子的爱还不太一样，他们会回忆起几十年前自己带孩子的种种过往，总结以前的各种经验、教训（尽管有时候可能不一定对），把爱加倍地倾注到孙辈身上，因此往往会比较“宠”孩子。这样实际上就给父母一个机会：可以对孩子严格要求一些，孩子也能有一个比较丰富的童年经验。由于孩子们有机会在父母和祖父母之间“斡旋”，因此在社交能力的培养上会比完全由父母抚养的孩子更为成熟老练。

俗话说，“家有一老，如有一宝”。我衷心祝愿所有的祖父母们含饴弄孙，三代同堂，其乐融融！也祝愿所有的宝宝们有一个健康幸福的童年！

秦志勇

伯黎创投管理合伙人

哈佛大学上海校友会理事

我的话

做父母的，当儿女小的时候，为他们的健康成长操碎了心；当孩子毕业后，又为他们能否找到一份合适的工作以及工作后是否能够胜任而操心；当儿女到了婚嫁的年龄，又为他们是否能够找到合适的伴侣暗中着急；当儿女有了孩子，自然而然地开始为他们分担起生活的压力，主动承担起照顾孙辈的养育工作……中国式父母就是这样一代一代传承下来的，也就此形成了中国式隔代养育的特色。而我就是其中的一员，为女儿操了一辈子的心，也为女儿的孩子们贡献了我的晚年生活。但同时，隔代育儿并没有把我束缚在家中，我走出了家门，利用我的专业知识和隔代育儿的经验，向广大父母进行科学育儿知识的公益科普，也活出了我的精彩。而且，与孩子们和年轻的父母们在一起也让我越活越年轻。这其中虽有不为人知的辛苦，但更多的是付出和收获助人带给我的快乐，苦中有乐，即“痛并快乐着”！

我是隔代育儿的受益者，因为我的女儿也是由我的母亲带大的。女儿学业、事业上的成功离不开姥姥姥爷的培养与良好家风的传承。现在，我也是隔代育儿的亲历者了。为了两个外孙子，我离开自己生活近60年的北京来到上海，“漂”在上海（俗称海漂、老漂）近15年。大外孙子从呱呱坠地到现在已经是身高1米83的14岁少年了，小外孙子也已经8岁了。在他们成长的轨迹中，无不浸透着我的心血。

记得俄国批判现实主义作家屠格涅夫曾经这样评价老年人：“人进入老龄，对自己的人生经验就开始了坚信不疑的旅途。无论此路是畅通无阻还是障碍横亘，他不会追悔自己的每一个足迹，而且还要无怨无悔地走下去。”其实，我自己可不是一个顽固不化的老年人。中国有一句老话：“活到老，学到老。”一点儿不假！老年人也不能死抱着自己旧有的经验不放手。古人道：“少而好学，如日出之阳；壮而好学，如日中之光；老而好学，如炳烛之明。”意思是说：青少年好学，像太阳初升，光芒四射；壮年好学，像中午的阳光，明媚而艳丽；老年好学，像燃烧的蜡烛，也会放出一缕灿烂的光芒来。既然人生短暂而有限，为什么不让我的人生发出更加炙热的光和热呀?！我把我的隔代育儿生活，以及我对于退休生活的所思所感通过这本书记录下来，也是借此与更多老年朋友共勉！

我要特别感谢十届、十一届全国政协副主席张梅颖为这本书亲笔作序。2018年她在中国关心下一代工作委员会表彰“中国母婴公益杰出人物”时为我颁奖的情形还历历在目。感谢她对我做公益科普的大力支持！感谢她对于参与隔代育儿的老人们的理解和关注！

隔代育儿

目录
Contents

隔代育儿

虽已退休，也要不断更新自己的育儿知识

带孙实践帮助我不断完善专业知识

学习脑科学发展的知识，我教外孙子认字

隔代育儿

如何看待隔代育儿的溺爱

旧有价值观不都是错误的

破除隔代人的错误习俗，希望隔代人不做旧习俗的卫道士

和隔代人一起探讨儿科医疗上似是而非的问题

隔代带孩，带出了老人的抑郁症

隔代育儿

隔代人的“带孙焦虑症”

隔代带孩是为了“养孙防老”吗

如何与女婿相处

写在前面

隔代育儿是现实社会的无奈选择

隔代育儿是中华民族历史悠久的一种传承教育

家庭教育是社会教育和学校教育的基础，应该包括人格教育、德行陶冶、习惯养成，以及建立基本社会素养的教育。家庭教育是终身教育，是奠定人一生的基础教育，也是对人一生影响最深的教育。无论是先进发达的国家，还是经济有待发展的国家，世界各个民族都非常重视家庭教育。家庭教育是一种以血亲关系为核心的家庭成员之间的双向沟通、相互影响的互动教育，其中包括亲子教育、隔代教育等。

有人说："中国是世界上为数不多的普遍存在'隔代养育'的国家。"在国外，孩子很小就进了托儿所、幼儿园、学校，直到18岁成年独立，所以基本上没有隔代教育。是的，在一些西方国家，孩子确实从小就被送到托儿所、幼儿园。在他们应该与父母和家庭建立依恋关系的时候，却被送进了托儿所、幼儿园，所以这些孩子与父母的依恋关系建立得并不牢固，而这些父母晚年住在养老机构中，生活上缺乏了子女亲情的关怀。虽然有社会福利机构照顾，但是老人在精神上是孤独的。一些老人在还能支配自己的行动和金钱的时候可以享受晚年悠闲自在的生活，可一旦失去生活能力、行动能力和自我管理能力，他会感到是被社会所抛弃而孤独地死去。回想当初，如果我的父母没有我精心的照顾，在他们先后患有阿尔茨海默病，完全丧失了各种行为能力时，不会是没有经受任何痛苦而离开这个世界。我想，他们在天之灵也会认为自己的晚年生活没有留下任何遗憾，也感受到了儿女对他们深深的爱！

隔代养育是中华民族历史悠久的一种传承教育，也是世界上为数不多的国家具有的一种家庭养育方式。凤凰教育2014年8月28日曾报道："根据中国老龄中心的调查，目前我国帮助子女照顾孙子女的老年人比例达66.47%。2岁半以前的儿童，主要由祖父母辈照顾的占总数的60%～70%，其中有30%的儿童甚至是被放在祖父母家里抚养照顾。"全国妇联2016年底发布的《实施全面二孩政策对家庭教育的影响》调查报告也显示，61.6%的家庭在孩子上幼儿园前由祖辈帮助带养。实际上，不仅在中国，隔代养育在外国的华人社区中亦十分常见，且近年来有不断增加的趋势。全球儿童安全组织发布的报告中引用了2012年的统计数据，其中指出，与2005年相比较，美国隔代教养家庭在华人社区的比例增加了23%，过去这一比例不到10%；皆因父母工作忙碌，孩童由祖父母照顾。另据美国政府部门相关调查显示，隔代养育的家庭数目在不断地上升。2001年，美国有接近500万儿童由祖父母承担照顾和主要教养责任；到了2006年，超过600万儿童由祖父母教养，与儿童在一起居住的祖父母数量在过去的十年稳步增长；2007年和2008年隔代养育家庭达到了6%的高峰。而且根据2006年的美国人口普查数据显示，祖父母照顾者大约53%都是白人。与此同时，在美国黑人社会里，祖母是被认为最可靠、最令人尊敬的亲属收养人。

隔代养育也是一种无奈之举

2017年，中国教育学会家庭教育专业委员会“中国城市家庭教养中的祖辈参与问题研究”课题组在北京、广州、成都等6个城市针对隔代养育现状展开调查，发现：一、近八成城市家庭祖辈参与孩子的教养；二、城市中祖辈参与孩子教养总体比例高，但纯粹隔代养育比例并不高；三、近三成祖辈参与孩子教养，但不同住，且36.5%的家庭中存在为照顾儿童而“老漂”的祖辈。

由此可见，隔代养育在中国是普遍现象。不少人，包括一些学术研究者都认为，隔代养育是受中国传统观念的影响：祖辈家长普遍把隔代抚养当成家族传宗接代的责任，所以形成了一辈子都要为儿女奉献的思维定式和心理特征，更是将照看孙辈作为自己晚年的必要任务。其实，我认为造成这一结果更多的是因为，随着我国经济体制改革的逐步深化，尤其是当前在农村，城市化进程日益推进，年轻人为了生存和更好地发展，农村外出务工人员的流动规模不断扩大，出现了大批农村留守儿童，他们中相当一部分要由祖辈来抚养。而在城市里，现在的年轻父母又以独生子女为多，随着国家经济高速发展，其工作压力也大，他们将所有的精力投入到工作中，没有多余的时间教养孩子。同时，很多老人退休，正好赋闲在家，乐意或者不得已为了给子女减轻工作压力而承担起照顾孙辈的工作，这也是一种无奈之举。

这种中国特有的隔代教育现状，是绝对不可忽视的一种教育方式。正如2018年9月15日至16日在青岛举行的“第十九届海峡两岸家庭教育学术研讨会”上，全国政协常委、民进中央副主席、中国教育学会家庭教育专业委员会理事长朱永新教授指出：“隔代亲，是中国家庭关系的一个重要表征。其背后是中国传统中对家庭关系、血缘关系的重视，对传统家庭中‘尊老爱幼、互相帮助’的文化传承，是隔代之间的情感依恋关系和互补关系的体现。也因此，中国的隔代教养原因更复杂，在教养比例、形式和参与度等方面也明显高于世界上其他国家。”

在人们传统的意识中，四世同堂的画面常常让人艳羡不已。不少文艺巨作中也有关于“隔代亲”的描述，最具代表性的就是《红楼梦》。书中贾母的命根子、爱如珍宝的，就是她最疼爱的宝贝孙子——混世魔王贾宝玉。

处于经济高速发展的今天，隔代养育更成了中国一个普遍的现象：

据2006年中国老龄科研中心的一项对中国城乡20083位老人的调查显示，照看孙辈的老人占66.47%，其中隔代抚养孙辈的女性老人的比例在城乡更是分别高达71.95%和73.45%。

妈妈网研究院在2012年对包括北京、上海、广州、深圳等全国32个城市在内的妈妈网用户进行了隔代抚养现状调查。调查结果显示：纯粹由爷爷奶奶、外公外婆帮助带孩子的家庭所占的比例为52%左右；由保姆协助老人一起带孩子的家庭比例为15%；父母一方选择牺牲职业带孩子的家庭比例为31%。

基于对2015年全国1%人口抽样调查及历次人口普查和调查数据中关于中国儿童人口描述分析，国家统计局、联合国儿童基金会、联合国人口基金会共同发布的《2015年中国儿童人口状况——事实与数据》证实：我国有1.03亿儿童受人口流动的影响，占中国儿童总数的38%；其中留守儿童为6877万（农村留守儿童4051万，城镇留守儿童2826万），流动儿童3426万。全国共有9560万儿童因为种种原因不能与父母双方一起居住。而且全国27.3%的0～2岁幼儿由母亲以外的其他人照料，在农村留守儿童中更有60%以上的孩子不满3岁就与母亲分离；祖父母是留守儿童，特别是低龄留守儿童的主要照料者，这些祖父母就承担着隔代养育的责任。

所有的统计都说明了一个问题：隔代养育是在我国占比相当大的家庭教养方式。

更何况20世纪80年代以后开始的企事业单位经济体制改革，将原来属于企事业单位的一些福利，如哺乳室、托儿所以及幼儿园统统取消了，而社会上的这些福利事业又迟迟没有跟上，造成了如今孩子入托难、入园难等问题。再加上家家几乎都是独生子女，这些独生子女之中尤其是独生女的父母最不希望自己的孩子成为家庭主妇，他们希望自己的儿女（尤其是女儿）在职场上能够体现自己的价值，所以也就主动承担起隔代育儿的担子。

什么是隔代养育

隔代养育是指祖辈单独抚养孙辈，或与父辈共同抚养但以祖辈为主的家庭养育方式。2004年《新闻周刊》（现《中国新闻周刊》）报道了一篇名为《中国特色的“隔代教育”》的文章，其中提及在全国范围内进行的关于隔代教育的调查，结果显示：中国近一半的孩子是跟着隔代人长大的。隔代抚养在农村更多表现为祖辈单独抚养孙辈，在城市更多表现为祖辈与父辈共同抚养孙辈。在文章中，有学者将隔代育儿分为四种类型：过分关注型，过分监督型，严厉惩罚型和民主、温和理解型。在其他报道中，也有学者将隔代育儿分为这样四种类型：守旧型、纵容型、身教型和民主型。其实这些分类都针对的是祖辈单独抚养孙辈的情形而言，并不全面，对此我是不赞同的。

既然隔代养育在国内现状如此，那么，我们应如何看待隔代养育？隔代养育有利还是有弊，近来也是争论不休。正如《上海教育科研》2012年4月所发表的《近十年国内外隔代教养研究综述》一文中写道：“在隔代教养问题的研究上，国外学者主要讨论了隔代教养的成因，重点研究了隔代教养对祖辈和孙辈的影响；国内学者则偏重于描述隔代教养的现状、隔代教养类型，并热衷于对隔代教养的利弊进行探讨。不过显然，国内学者面对中国日益增加的隔代教养现象，只是一味地进行批判是不能解决问题的，承认隔代教养存在的合理性、怎样提高隔代教养的质量、如何让处于隔代教养下的儿童正常成长等一系列问题，才是以后隔代教养研究的重心所在。”

1

我的隔代育儿生活

隔代育儿不是那么简单

我是隔代育儿的受益者，也是隔代育儿的实施者

我是隔代育儿的受益者，也是隔代育儿的参与者、实施者，尤其是这么多年来和全国各地的家长交流甚多。因此，我对隔代育儿颇有感触，也自觉有资格来谈这个问题。

我的母亲

说我是隔代养育的受益者，是因为我的女儿就是在我父母的照料之下成长起来的。

我出生在一个书香门第，我的爷爷当初就是北洋大学（现天津大学）的一名教授；我的父亲是留学归来的知识分子；我的母亲是一个有文化的家庭妇女，结婚前是大家闺秀，结婚以后就在家里侍奉公婆、相夫教子。

1958年“大跃进”时，母亲响应政府的号召走出家门，参加了街道工厂的工作。当母亲拿到生平第一笔工资时，兴奋之情溢于言表。母亲工作起来特别努力，成为当时工厂的先进人物。姐姐大学毕业之后被分配到山西省东南部的一个小城市工作，与其叫城市，倒不如叫乡镇更为贴切。再加上我国在20世纪60年代初的困难时期，物质供应极度贫乏，生活之艰难不言而喻。当姐姐在1961年有了第一个孩子的时候，根本没有条件自己带孩子。母亲见状，毅然辞去了自己的工作，尽管厂长一再挽留，她还是回到家里开始带自己的外孙子。外孙子的名字“周克”也是母亲给起的，其意思是希望我们国家很快克服困难。此后，姐姐的女儿、哥哥的儿子以及我的孩子都陆续送到母亲那里，由母亲帮着带。

虽然说母亲带的是隔代的孩子，但是母亲却没有一般隔代老人娇宠孩子的毛病。她对孙辈的要求是很严格的，从礼貌待人到遵守各种社会规则、从饮食习惯到为人处世，样样都给孩子们立下了规矩；而且一言九鼎，凡是她制定的规矩从来不会被她破坏，当然也不允许别人破坏。答应孩子的事，母亲都要兑现，尽管有时兑现起来很困难。母亲对孩子们没有说教，从不对孩子唠唠叨叨，但是却以自身的言行给孩子们树立了良好的榜样。即使在困难时期，母亲也是想方设法让孩子们吃得好，从没有考虑过自己。母亲常说：“我可以惯你们吃、惯你们穿，但是绝不能惯你们没有出息。”所以母亲在孩子们的眼里是一个慈祥、充满爱心而又有权威的外祖母（祖母）。

母亲带过的孩子一到上学年龄就都回到了自己父母的身旁，因为我的孩子是北京市的户口，所以仍留在母亲身边上学。良好的家风、祖辈的言传身教，让母亲带过的孩子都非常有出息。姐姐的儿子现在是美国微软总部视窗研发中心总监，当初直接向比尔·盖茨或鲍尔默汇报工作，在凌志军所著《成长——微软小子的教育》这本书里还专门介绍了周克。姐姐的女儿周兢现在是一所司法警官大学的教授、律师。哥哥的儿子张实从美国南卫理公会大学商学院（美国前总统小布什夫人劳拉毕业的学校）毕业后，在美国从事金融工作，深受美国著名金融大亨维克多·尼德霍夫的喜爱，在维克多·尼德霍夫的专著《投机教父尼德霍夫的股票投机术》里还盛赞了他的才能。我的女儿沙莎从北京一所很普通的小学被保送到北京四中读初中，初中毕业后又被保送到北京四中高中部；在高中期间担任了学校学生会主席的职务，也是当年北京学联的执行主席；高中毕业后又被保送到北京大学国际经济系；毕业后进入了国际一流咨询公司麦肯锡公司，后又到哈佛商学院攻读工商管理硕士学位；现在已是麦肯锡全球资深董事合伙人、数字化麦肯锡亚洲区总裁，也是麦肯锡大中华地区第一位女性资深董事。

我和先生参加女儿哈佛商学院的毕业典礼

孙辈的事业成功与父母当年的启蒙教育是分不开的，因为培养孩子良好行为习惯的关键时期是在婴幼儿阶段和小学阶段。这为孩子们以后健全人格的发展，以及更好地融入和适应这个社会打下了坚实的基础。母亲将她的晚年几乎全部奉献给了孙辈们，当孙辈们一个个成才的时候，她老人家已经远离我们去到天国静享晚年，再也不能和孙辈们一起分享事业上成功的喜悦了。同时，也正因父母为了孙辈们牺牲了属于自己的晚年生活而让我们感到内疚。至今，这些孙辈念念不忘为他们成长贡献出自己一切的老人，也愿我的父母亲在天堂里不再劳累！

姥姥、姥爷对女儿潜移默化的影响

我是在女儿1岁的时候将她送到母亲身边的。我大学毕业正逢“文化大革命”后期，因为家庭出身问题，我被分配到位于北京远郊区的一个县医院里工作。那时国家规定只有56天产假、6个月的喂奶时间，6个月后就要上夜班。而我的先生是工厂的一名技术人员，为了一个研究项目要去哈尔滨长期出差。我自然没有条件自己带女儿，母亲看到我十分困难，提出要帮助我照看女儿。当时母亲一个人正照看着只比我女儿大1岁半的侄子，要知道我的母亲这时已经是一位60多岁的老人了。我实在于心不忍再劳累她老人家，犹豫不定。

为什么只有母亲一个人照顾孩子呢？因为我的父亲是一个20世纪40年代留学归来的老知识分子，技术权威。在1957年“反右运动”中被打成右派，由中央机关下放到安徽的一个基层工厂里。我哥哥也因父亲的问题以及复杂的社会关系在大学毕业后被分配到河北的一个农村里，正因为兄嫂没有条件自己带孩子，所以才将儿子送回北京，让母亲照看。想到母亲一个人将要带两个孩子，实属困难。可是不这样我又能怎么办呢？我要上夜班，夜班怎么能带孩子呢？！先生工厂的哺乳室又是没有夜间托管的，而我们医院只有托儿所，没有哺乳室。当初真是搞得焦头烂额，不知道怎么办！在母亲的一再坚持下，我只好将女儿送到母亲的家里。

说实在的，母亲带着两个孩子十分辛苦，但凡上街买东西就要推着一辆童车，小车里坐着两个孩子。母亲常常对孩子们说："我们一定要注意安全，否则出了意外都没有人找我们。"因此母亲带孩子格外小心。平时，两个孩子总是被母亲收拾得干干净净，而且表现得非常有礼貌。不管一天下来多么辛苦，母亲每天晚上都坚持给两个孩子洗澡。20世纪70年代，我家住的是平房，屋里没有上下水道，都是母亲一壶一壶烧开水，再兑上凉水，在大木盆中给孩子们洗澡。到了冬天还要将屋内取暖的蜂窝煤炉子烧得旺旺的，屋内达到一定温度才给孩子们洗澡。给孩子洗完澡后又将孩子白天穿的衣服用搓衣板（那时还没有洗衣机）清洗干净晾晒好，然后又一盆盆将洗涤后的污水倒出去。可见母亲是多么劳累！在母亲的细心照料下，这几个孩子很少生病。

我只能利用每个月集中的四五天假期回北京，为了在北京多待2天，往往都是请求科室主任允许我在下夜班这天回北京休假，回医院这天请主任安排一个夜班，好尽量减轻母亲的劳累。记得曾经有一次为了让母亲多休息几天，我把孩子接回工作的医院，结果被传染上水痘。因为是处在潜伏期阶段，在我身边尚未发病，送回北京后水痘才发出来。女儿水痘出得并不多，症状也不严重，很快就痊愈了，但是却传染给了我的小侄子，而且发病还比较严重。我的母亲只好背着我的女儿，拉着小侄子一起去了当时的“老”人民医院（即现在的北京大学人民医院）就诊。接诊的医生还批评我母亲为什么不注意隔离。母亲听着医生的训斥，只好苦笑着没有说话。医生哪里知道我们家的具体情况。

就这样，母亲一直带着两个孩子生活，其中的“苦”与“涩”，母亲从来没有向我们唠叨过。当我回到北京休假时，母亲也只是报喜不报忧，唯恐耽误我的工作。后来小侄子到了上学的年龄才离开了北京，回到哥哥嫂子身旁。

20世纪70年代后期，父亲在时任纺织工业部部长郝建秀的过问之下得以平反。落实政策后在安徽与一批专家又受到当时安徽省委书记万里的接见，然后回到北京在部委机关工作。父亲开始和母亲共同照顾我的女儿。女儿刚开始上学每天都是父亲推着自行车送她，放学后又是父亲督

高中时期的女儿和姥爷在一起

促和辅导她学习。父亲不但精通日文、英文和俄文，在晚年还自学了德文。正如新浪育儿给我做的专题片《育·见vol.4张思莱》所述："这种家庭气氛的熏陶是潜移默化的影响。"在榜样的影响之下，女儿养成了良好的行为习惯。女儿在学校所获得的各种奖励证书都是父亲帮她精心收藏起来，学校召开的家长会也多是父亲去参加。直到女儿四年级时，我为了照顾年迈的父母，才在父亲部委机关和先生单位共同努力之下调回了北京市里。

熟识我的人都说："你孩子这样优秀都是姥爷、姥姥的功劳！"对此，我真的不否认。谁说隔代育儿是失败家庭教育的代名词！请不要把隔辈育儿说得一无是处，隔代人一样能带出好孩子来。

家风一代一代传承

我深深地感到：家庭传统是孩子受用一生的东西。如果家庭传统做得好，孩子会延续并传递下去。直到现在我都深深地感谢我的父亲、母亲。我的父母抚养了我们这一代，又帮助我们抚养第三代，省吃俭用，毫无怨言，把自己的一生完全奉献给了我们。当我费尽周折好不容易调回北京，父亲也落实政策恢复原职回到中央机关，母亲本该享福了，没承想，她患上了阿尔茨海默病。在以后的十多年光景中，虽然母亲被我照顾得很好，也很舒适，但最后她什么都不知道了，完全丧失了思维能力、行为能力和语言能力。当母亲毫无痛苦、默默地离开这个世界时，我觉得我对母亲的恩情还没有报答完，从内心感到有愧于母亲，很长时

我与母亲的合影，这时她已经患上阿尔茨海默病

间难过得无法自拔。愿我的母亲在遥远的天国里不再劳累受苦！母爱是多么伟大，而且无私！之后几年，我的父亲也因阿尔茨海默病离开了我们。我的父亲、母亲一生经历坎坷，历经了种种苦难，当孙辈一个个成才的时候，他们不求任何回报就离开了这个世界！这就是中国祖辈和父母的胸怀！

父母去世后，我几乎每年清明节都去给父母上坟。如果我不在，先生也会去给我的父母上坟，他常常说，“不能忘记父母之恩”！2019年清明节因女儿去新加坡出差，我发微信给她：

我明天上午回北京，下午给你姥姥、姥爷上坟去。每到清明节我都十分想念他们，觉得在他们活着的时候应该将他们照顾得更好。想一想他们晚年把你们四个孩子带大实在不容易。我现在深有体会。看着铭铭走（14岁的大外孙已经去国外读书），我也很伤感。虽然知道我也看不到他的将来，但是“隔代亲”确实是真实的爱！总是担心他不在我身边能不能独立生活。你们的姥姥、姥爷当初也是同样付出，没有任何怨言，不图回报，这就是一代一代传承。

女儿回复道：

很感谢姥姥、姥爷给我美好的童年，在白塔寺小院里的生活安静而温暖；他们给我很多关爱，让我每一天都过得很踏实。我很想念他们，也很感恩他们……没想到，转眼间我也40多岁了。您告诉姥姥和姥爷，我一直很努力，希望没有让他们失望。将来有一天我们会重新相聚。

我今天重蹈了母亲走过的路，开始帮助女儿照顾第三代，只不过我比母亲舒服多了，物质条件也优越多了。我能像我的父母那样全身心地帮助女儿抚养孩子吗？我属于哪种类型的隔代养育者呢？我能像我的父母那样去做吗？……

2

我的隔代育儿生活

隔代育儿不是那么简单

做女儿、女婿孕育的好参谋

我成了女儿、女婿以及未来孙辈的“保健医”

父母的言传身教深深地影响了我，随着岁月的流逝，转眼间女儿也有了自己的孩子，我也晋升为外祖母。凭借着自己是多年的儿科医生，又曾经与产科有过密切合作的经历，当女儿和女婿准备要孩子时，帮助他们孕育和科学育儿就成了我义不容辞的工作。我自己是儿科医生，多年的临床经验为带孩子奠定了坚实的基础，近十余年来我还一直苦心钻研关于早期教育的各种理论和方法，也成了指导女儿、女婿的有力根据。于是，我又成了女儿、女婿以及未来孙辈的“保健医”！

在我了解了女儿、女婿已经做好迎接下一代的心理准备后，我告诉他们：“生命最初1000天，被世界卫生组织定义为一个人生长发育的‘机遇窗口期’，是目前国际公认的奠定一生健康的关键时期。这一阶段的营养状况不仅影响着孩子未来体格和智力的发育，还与其成年后的慢性病发病率有明显联系。生命最初1000天的营养状况给儿童带来的影响是不可逆转和弥补的。这1000天是指从怀孕开始到儿童2岁这一时期。”

因此，为了女儿、女婿能孕育一个健康的孩子，我开始一步步指导他们：“你们双方先去做一次孕前的体检，通过家系调查、家谱分析，以及实验室检查评价遗传风险。如果你们其中一方存在着遗传性疾病，就需要预测子代再发的风险。通过综合分析，医生会给出医学建议，从而保证生下一个健康的孩子。”

当女儿和女婿笑嘻嘻地告诉我，他们已经做过了孕前体检，没有问题时，我又提到：“根据现代优生学和营养学的观点，养育一个健康的孩子应该从孕前3个月，甚至可以从孕前1年就做好准备。合理的膳食和均衡的营养是妊娠的物质基础，良好的饮食习惯和健康的生活方式有利于成功妊娠。从现在起，双方（必须强调男女双方）都要多吃一些富含叶酸的食物，如绿色的蔬菜，注意不要过度加热以免叶酸成分流失。最迟在孕前3个月每天要补充叶酸400μg，一直到孕期和哺乳期。补充叶酸有助于预防胎儿神经管畸形和其他器官畸形；叶酸参与核酸和蛋白质的合成，在孕期服用可预防高同型半胱氨酸血症、先兆子痫和胎盘早剥，同时促进红细胞成熟和血红蛋白合成；还能减轻妊娠反应，降低胎盘发育不良、自发性流产、宫内发育迟缓的发生率，也有利于降低妊娠高脂血症发生的危险。孕期补充叶酸也有助于减少婴儿营养不良性贫血（巨幼红细胞贫血）的发生，促进体内细胞的发育和增殖。同时，叶酸是促进组织生长和机体发育的物质基础，母乳喂养的孩子就可以从母乳中获得叶酸。”

然后我又对女儿说：“平时注意食品多样化。因为孕期母亲的食物喜好也会通过羊水影响胎儿，进一步影响出生后婴儿的食物喜好。你也要常吃一些含铁多的食物，像动物血、动物肝脏、红肉、芝麻酱、黑木耳、紫菜等，做好体内铁的储备以备孕期利用。同时多吃一些富含维生素C的蔬菜和水果，促进铁的吸收和利用。建议适当增加海产品的摄入，以保证碘的摄入，而且海产品含有丰富的不饱和脂肪酸DHA，有利于孕期胎儿大脑和眼睛发育的需要。”

转过身，我对女婿说：“在准备要孩子的阶段要戒烟、禁酒，否则不但影响精子的发育，也会影响受精卵在子宫内顺利着床和胚胎发育，或者导致胎儿中枢神经系统发育异常，智力低下等。”

我又对女儿说：“因为你不会饮酒，这非常好！但是在准备受孕阶段要远离吸烟的环境，减少被动吸烟的伤害。因为孕妇暴露于二手烟和三手烟的环境下，可以导致婴儿猝死综合征的发生和胎儿出生体重降低，以及发生肺功能下降。还要避免接受放射线，并远离高温环境，尽量避免高强度的工作，保持心情愉快也很重要。在这个阶段注意保护自己的身体，减少生病。如果生病了也要注意合理使用药物，避免使用会影响胎儿正常发育的药物。”

我还建议女儿在怀孕之前去医院进行一次彻底的口腔检查，清除牙齿上的牙石、菌斑，彻底治疗龋齿，拔除阻生的智齿或残根、残冠，及时修复缺失牙。因为在孕期，体内的雌激素水平上升，尤其是黄体酮水平上升，会使牙龈血管增生、通透性增强，从而诱发口腔问题。孕前如果存在口腔疾病，怀孕后病情往往会加重；再加上牙齿上的病原菌进入孕妇羊水，引起炎症反应，会导致流产，分娩早产儿和低体重儿的概率也会大大增加。虽然14周以后胎儿的组织器官多已经形成，可以治疗牙病，但是如果提前治疗彻底就可以最大限度地避免在孕期患牙病了！

孕前免疫接种建议

女性怀孕后一旦感染某种疾病，往往给自己和胎儿，以及未来的小婴儿带来较大的风险，甚至有可能不得不终止妊娠。为此，我建议女儿在备孕前期先去验血，检查有无风疹病毒的抗体；如果没有的话，应该在孕前3个月完成二剂麻腮风疫苗接种。风疹病毒感染是目前发现最主要的导致先天畸形的生物因素之一。受风疹病毒感染的胎儿常常发生多个组织的损害，即先天性风疹综合征，最常见的是三联征（耳聋、白内障，以及先天性心脏病）患者。女儿没有患过麻疹和腮腺炎，也没有接种过有关疫苗。一般说来，孩子出生后8个月才接种麻疹或者麻风疫苗。因为胎儿从母体中获得麻疹抗体到出生后8个月才消耗完，所以在8个月以前自身可以保护婴儿不患麻疹。但有的妈妈没有患过麻疹，而且也没有接种过麻疹疫苗，或接种了麻疹疫苗却没有按规定进行加强接种，导致母体内没有麻疹抗体或者麻疹抗体效价已经消失或降低，所以孩子没能从母体中获得相应麻疹的抗体。同时，由于孩子还没有到麻疹疫苗的接种日期，所以一旦接触到麻疹病毒，很难抵抗，而感染了麻疹。一般这样的孩子（易感儿）接触麻疹病毒后90%以上都会发病，甚至新生儿也会因为妈妈没有患过麻疹而感染麻疹。我在临床上也见过小于8个月的婴儿患麻疹的病例。

虽然女儿小的时候患过水痘，但其抗体水平已经很低，也有可能水痘病毒潜伏下来或者再次感染水痘病毒，所以应该在受孕前3～6个月接种水痘疫苗，它的免疫效果可达10年以上。对于没有得过水痘和带状疱疹，也没有接种过水痘疫苗的备孕女性，最好在孕前3个月完成二剂水痘疫苗接种，两剂之间间隔28天。如果没有接种过这种疫苗的准妈妈在孕早、中期感染水痘，会使得有的胎儿发生先天性水痘综合征；孕晚期或者临产时感染水痘，会导致新生儿水痘，新生儿的病死率可高达30%。

同时也建议备孕女性接种百白破疫苗，可以有效地预防新生儿以及小婴儿患百日咳、白喉、破伤风。因为6个月内的小婴儿百日咳发病率最高，家里人虽然不会患百日咳，但可以是隐性携带病菌者。所以建议至少在孕前1个月接种百白破疫苗。

注意，麻风腮疫苗、水痘疫苗、百白破疫苗都是在接种3个月后再准备受孕。

同时，我建议女儿到医院检查乙肝两对半。如果全是阴性的话，建议马上接种乙肝疫苗。因为在妊娠早期感染急性乙肝病毒，会使早孕反应加重，而且易发展为急性重症肝炎，危及母子生命安全。急性乙肝病毒感染还可通过胎盘传染给胎儿。此类疫苗的接种程序是0、1、6月，然后再决定受孕。

在孕前3个月也建议接种甲肝疫苗。因为女儿经常出差或者外出就餐，怀孕之后的孕妈妈抵抗病毒的能力减弱，很容易受到感染，因此注射甲肝疫苗是必要的。

流感疫苗也最好在备孕时接种，而且家人也要接种流感疫苗。美国疾病控制与预防中心、美国儿科学会、中国疾病预防控制中心都提出了“家庭流感防控圈”这个概念，建议家有5岁或以下孩子的家庭成员，包括护理人员，应该接种流感疫苗。因为这些人有可能从外面带来流感病毒传染给孩子，尤其是6个月内的小婴儿。家人接种流感疫苗后，在家庭形成了一个对孩子的保护屏障，即“家庭流感防控圈”，不但有力地保护了孩子不受传染，同时也保护了自己。

其实有关备孕的知识也是我不断向妇产科同仁们和预防界的医生们学习获得的，即使身为医务工作者也应该不断地学习，扩大自己的知识领域，不断更新自己的知识。

当女儿怀孕后，我又开始辅导她做好孕期各个阶段的注意事项，帮助她解答在孕期体检所遇到的种种困惑。为此，我在撰写《张思莱育儿手记》一书时都做了详细记载。

3

我的隔代育儿生活

隔代育儿不是那么简单

不做旧习俗的卫道士，提倡科学坐月子

很多产妇坐月子时还在受一些旧习俗影响

2017年7月，《山东商报》报道了一起由于坐月子的恶俗导致产妇死亡的悲剧：山东淄博市一名产妇在坐月子期间因为中暑，最后不治身亡。送医时，产妇体温高达40多摄氏度，心脏和肝脏都有不同程度损伤。家人解释，为坐好月子，家里不开风扇、空调，产妇穿着长袖长裤，还盖被子。

在和网友沟通中我得知，很多产妇坐月子时还在受一些旧习俗影响，如月子期间不能早下床，不能沾冷水，不能刷牙、洗澡和洗头；有的地方让产妇多吃鸡蛋，多吃肉；有的地方只让产妇喝小米粥，不能生吃水果和蔬菜，不能吃盐；还有的地方让产妇必须喝月子酒、喝红糖水，以促进下奶；等等。

也许因为我是学医的，也许因为我出生在一个高级知识分子家庭，在我生孩子时，母亲并没有让我遵照这些所谓坐月子的“清规戒律”。记得我坐月子期间，正值北京的腊月天，因为我家住的是北京一座四合院，我照样去院子里没有取暖设备的厕所里大小便；每天照样早晚两次刷牙，该洗澡就洗澡，蔬菜、水果、肉、鱼照吃不误。而且我怕母亲受累，多是自己清洗女儿的尿布（当时可没有纸尿裤，女儿使用的都是布尿布）。当然，我也会上床休息，但是绝不赖床，从来没有认为坐月子是人生中一个特殊的时期。至今我也没有落下什么病根，而且牙齿还棒棒的，牙科医生都夸我：“您都70多岁了，牙齿还是这样棒！”

指导女儿科学坐月子

现在，由于人们生活水平提高，母婴用品极大地丰富，孩子们大多使用的都是纸尿裤，也免除了大人们洗尿布的烦恼。

女儿的两个孩子都是剖宫产娩出。在女儿产后的第二天，我就鼓励女儿下床活动了。正如我在《张思莱育儿手记（上）》中写的：

> 拔掉导尿管后，我让女儿下床活动。先让女儿坐在床上，然后慢慢挪到床下，我扶着她围着床边活动。当她没有什么不舒服的感觉后，就让女儿来到外屋溜达溜达。换换环境，心情舒畅，这样有利于产后身体的恢复。对于剖宫产者可以避免盆腔内组织粘连，也可以避免静脉栓塞发生，促使子宫、腹部肌肉和韧带的恢复，避免腹壁过度

松弛。

……

女儿产后出汗多得邪乎，几乎每天需要换两身衣服，即使这样，衣服还是湿漉漉的。尤其是夜间出汗更多，常常把床上的褥单都打湿了。“这是什么原因呢？”女儿问我。这是因为产妇在怀孕后期常常水肿，体内储存了大量的水分，当孩子出生以后皮肤排泄功能较前旺盛，排出了大量的汗液，这是正常现象，不需要处理。但是需要用温水进行清洗，不能受旧的习俗影响，不注意个人卫生。如果是正常产，可以用淋浴清洗；如果是手术产，则需要用清水擦浴，不过需要适时保暖。而且，产妇要照常刷牙、梳头，这样才有利于产后的及时恢复。

在照顾女儿坐月子的过程中，由于大外孙子出生在12月底，小外孙子出生在10月份，不管是深冬还是秋末，每天照样上下午开窗通风换气，每次半小时以上。除了保证室内空气新鲜，这也是室内空气消毒的最好办法。屋内通风的时候，我就让女儿和外孙子去别的屋休息，避免着凉。

针对女儿产后多汗，又处于哺乳期阶段，我告诉月嫂在饮食中适当增加一些汤水，汤里适当地加一些盐，以补充多汗造成的人体电解质丢失。例如可做些鸡汤、鱼汤、排骨汤、蹄髈汤等，并告诉月嫂要将这些汤上面漂浮的油用烹饪吸油纸吸去。同时告诉女儿也要吃汤中的动物性食品，因为汤中90%的营养都在肉中。保证每周吃1～2次鸡肝或者鹅肝，能够满足人体对铁和维生素A的需要。为了满足哺乳期孩子的营养需求，每周起码应该保证吃2次海鱼，以满足孩子神经系统以及视觉系统发育所必需的氨基酸DHA和维生素A。保证每餐蔬菜不少于2种，以及豆制品、薯类等，每天三餐尽量做到食品多样化。其实，哺乳期妈妈的饮食也会影响孩子在添加辅食后对味道的喜好；多样化的饮食能让孩子更容易接受多样化的食品味道，有助于保证孩子营养均衡。

天下的妈妈们都是最大公无私的，尤其是哺乳妈妈，无论自身含有多少钙，每天大约有近300mg的钙必定要通过乳汁传给孩子。如果妈妈血钙不足的话，骨骼里的钙必须游离出来以满足血钙的需求。处于这种情况下的妈妈长期不补充钙的话，就会造成骨质疏松。尤其女儿生育第一胎的时候已经32岁，过了30岁钙储存高峰时期，钙的丢失会大于钙的储存。有些妈妈不注意在月子里补充钙，出了月子往往认为是自己在月子里受风、受凉导致的全身疼痛，其实很大一部分原因是骨骼脱钙的缘故。因此，我告诉女儿通过上下午加餐，要保证每天500mL的奶量，并每天补充维生素D600～800IU，再加上食品中摄取的钙的含量，就基本上可以满足机体对钙1000mg的每日需求量。好在女儿每天有喝奶的习惯，这一点我就放心了。所以一些地方让产妇坐月子只喝小米粥的习俗就有问题了。

4

我的隔代育儿生活

隔代育儿不是那么简单

帮助女儿、女婿与孩子建立亲子依恋关系

2岁前是孩子与父母建立依恋关系的关键时期

在女儿休产假时，由于需要哺乳，所以她的两个孩子都是与父母同屋不同床。女儿、女婿对此没有任何异议。但是因为女儿、女婿先后担任上海市青年联合会委员，同时也是哈佛商学院上海中心校友会的正、副会长，随着中国经济飞速发展，又有不少具有典型教学意义的案例，那一段时间哈佛商学院的教授频繁来中国，他们夫妇两个负责与中国各企业、政府部门联系，工作安排得非常紧张。随着女儿、女婿社会活动的增加，女儿提出要断掉母乳，更好地投入到工作中去，希望把中国企业的一些成功经验传播出去，彰显我国改革开放的新面貌。为此，我一再告诫女儿，母乳是宝宝最安全、最有营养的食品，含有人类生命早期所需要的全部营养成分，是自然界唯一被认可的营养全面的食物；其中还有增加孩子抵抗力

的免疫活性物质，这是任何配方奶都无法比拟的。但是，儿大不由娘，我还是没有说服女儿，两个外孙子都在3个多月被断掉了母乳。

度过产假，女儿开始上班后，紧张而劳累的工作常常让女儿回到家中不愿意说话。经过一段时间，女儿提出了夜间让阿姨来带孩子，她说："妈，我太累了！上班就十分紧张，工作压得我快喘不上气来，又面临着晋升。夜间我又要带孩子，孩子小，每夜要醒好几次，不但需要喂奶还要换尿布。志勇第二天也要上班，他做投资工作也是非常累的。"

看到女儿、女婿十分疲乏的样子，我特别心疼他们。尤其是孩子还不到4个月，内在的生物钟规律还没有建立好，常常黑白天不分；再加上小婴儿夜间每个睡眠周期才45分钟左右，其中活动性睡眠占的时间比较长。孩子处在活动性睡眠阶段常常会有睡眠不实的表现，例如四肢乱动、哼哼唧唧，甚至哭几声，再加上孩子要吃奶、需要换尿布，换尿布时还需要清洗孩子的小屁股（我要求孩子大小便后必须清洗小屁股），确实影响他们两个人的睡眠。但是我又想：现在正是孩子与父母逐渐发生和形成依恋关

宝宝依恋发展的3个阶段

● 前依恋期（0～6周）：宝宝对任何人都会表现出相似的行为，他会以哭、笑等情绪召唤照料者。

● 依恋关系建立期（6周至6～8个月）：宝宝对父母等抚养者回报更多的微笑，这也带给父母更大的满足感。

● 依恋关系明确期（6～8个月至18～24个月）：当宝宝的抚养者要离开时，他们会大吵大闹，明显地反抗。

系的关键时期（又称敏感期）。如果女儿、女婿白天不能陪伴孩子，尤其是女儿已经给孩子断掉母乳，夜间再不陪伴孩子，孩子怎么能与他们建立亲子依恋关系呢?！孩子在婴幼儿时期对经常照料自己的人会产生特殊的依恋。

奥地利动物行为学家劳伦兹通过实验发现了“印刻现象”。劳伦兹让刚刚破壳而出的小鸭子不先看到母鸭子，而首先看到劳伦兹自己，于是有趣的事情发生了。劳伦兹在前面走，身后就跟随着几只小鸭子，小鸭子将劳伦兹当成了自己的母亲。通过进一步的研究发现：小鸡、小鸟等辨认自己母亲和同类都是通过这一过程实现的。而且，这一现象在其他哺乳动物身上也有所印证。紧接着劳伦兹又做了一个实验：禁止在小鹅出生时别的动物去接近它们，于是小鹅再也不要妈妈了，即使妈妈去看它，它也不理睬。经过反复实验，结果都是如此。于是，劳伦兹把动物出生后最初的日子里能学会“认母”的这种现象称为“母亲印刻期”。因这一发现，劳伦兹获得了诺贝尔生理学或医学奖。

继劳伦兹之后，心理学的研究专家们也陆续发现了亲子之间存在的依恋关系。同时发现，婴幼儿建立亲子依恋关系主要是在2岁之内，这段时间被称为建立亲子依恋关系的敏感期；错过这个时期，可能造成终生无法弥补的遗憾。如果是阿姨白天照顾孩子，夜间也让阿姨护理孩子，那么孩子就会错把阿姨当成依恋的对象，这样的孩子将来长大与父母是不亲近的。如此的例子并不少见。如果再赶上频繁地更换抚育照顾者，每个人的养育风格又不一样，孩子就可能产生不安全感。没有始终如一地与孩子接近的、特定的人照顾，孩子就不能形成对特定人的依恋关系，在其性格上往往打下了“淡漠”的烙印。那岂不是对孩子伤害更大！

安全型依恋关系对孩子一生有着重要影响

从亲子关系的四个维度：亲密度、信任度、亲子沟通和亲子冲突来看，曾有学者在此基础上对童年期有过隔代抚养经历的大学生进行亲子关系研究。结果发现：隔代抚养家庭的亲子关系不容乐观，亲子亲密度较低；亲子双方信任不足，子女对父母的依赖程度低，不愿与父母分享心事，家长则表现出对孩子能力的不信任；亲子沟通主动性较低，亲子冲突时有发生；也会影响子女以后与他人的交往能力。于是我给女儿、女婿举了下面这个例子。

《青春之歌》一书的作者杨沫与她的儿子老鬼（马波）就是这样的关系。老鬼在他写的《母亲杨沫》一书中谈到，让老鬼最感痛切的是母亲杨沫身上母性、亲情的泯失，“对孩子冷酷无情”。老鬼6岁时，有一次患肠粘连，疼得满地打滚。母亲杨沫也不当一回事儿，过了几天眼看他奄奄一息了，才让十几岁的大儿子带他去医院，医生动完手术之后说：“再晚就没救了。”在“文化大革命”中，老鬼曾组织同学抄自己的家，同时贴大字报揭发自己的母亲。老鬼从小在故乡由姑姑带大，5岁才回到杨沫身边。杨沫失去了和孩子建立亲子依恋关系的关键时期。

而杨沫是这样描述的：“有许多天，他不肯洗脸、洗澡、换衣服。不仅如此，小便时总是脸朝南。我发现后，几次问他为什么这样，最后他才结结巴巴地说出‘想老家’。他是为了不把从老家带来的尘土洗掉，才不肯洗脸换衣服。至于朝南小便呢？那是因为老家在北京的南边。”杨沫虽然出生在一个显赫富足的家庭里，但她是由保姆带大的；她的父母从小对她也是不闻不问，脚冻得流脓也不管。

正因为杨沫小的时候没有与父母建立起安全的亲子依恋关系，所以她认识不到这样对待孩子是错误的。虽然杨沫在晚年恢复了母爱的天性，但是给儿女造成的伤害终生难以弥补。

然后，我又给女儿、女婿讲了国学大师季羡林和儿子季承的关系。

季承出生不到3个月，季羡林就去德国留学了，之后的11年杳无音信。季承和母亲以及祖母一起生活。季承11岁时才见到父亲。父子虽然见面多了起来，可作为“国学大师”季羡林的儿子，季承从小就很少得到父亲的关爱，父子关系一向冷淡。因此季承和父亲互相都没有亲情的感觉，后来终于导致了父子决裂13年。之后当季羡林生病住院时，才出现了如有的文章所说“这对已经头发斑白的父子才再次相认、相见”，令人唏嘘不已。

通过这个例子也可以看出来，正是因为在儿子年幼时和父亲没有建立亲子依恋关系，互不信任，才导致季羡林父子双方都不幸福。

我又给他们讲了荣获第十四届中国图书奖的作品《发现母亲》的作者王东华先生的故事。

王东华在《发现母亲》一书开篇谈道："在我出生后半年，母亲因为患病需要到外地住院治疗，无奈之中我便像那时很多孩子所经历过的那样，被寄养在外祖父家里，而且一养便是10年。10年后，当我重新回到父母身边时……由于生活习惯相距较大，我无法立即入家随俗。……我至今仍然清楚记得我被父亲打服了的那一次……从此之后，我就在心灵深处对抗起这个家，对抗起父母，直至最终成为一个冷眼不语的甘地主义者！家——对我来说绝不是暖巢，绝不是避风的港湾，而是地狱——一个令我恐惧的地狱。家的外面永远是美丽的，离家越远，这种美丽越是动人。随着岁月的增长，这种敌对不仅没有消除，相反更加仇恨。……我考大学最强烈的动因不是别的，而是要远远离开这个家。我恨透了这个家，恨透了我的父母，我无时无刻不在寻找着这种发泄的途径。"

王东华通过写《发现母亲》这本书，疏通了被仇恨和痛苦淤积的心灵。他也说："我的父母都是非常善良的公民，他们的党龄加起来都快一个世纪了，他们并不是有意去伤害我这个儿子，只不过他们无法正确面对一个已分离了10年的、各个方面都与他们想象迥然不同的儿子。"这都是当初王东华没有与父母建立正常的亲子依恋关系的原因。父母不了解自己的儿子，儿子也不了解父母，他们之间没有任何依恋。对于王东华来说，虽然目前已经冰释前嫌，他也理解了父母，但之前的一切无法挽回。

其实，我想说的是：对他以及他父母的心理伤害永远不能释怀。可怕的是，目前仍然有大量的留守儿童，类似的悲剧也在不断复制。

所以，我告诉女儿、女婿："现在，你们辛苦一点儿，夜间带孩子也仅仅是在出生后2年内的时间。在你们人生长河中2年仅仅是短暂的一幕，但是这2年却是建立亲子依恋关系的关键时期。你们与儿子之间能够很好地建立亲子依恋关系，儿子就会对你们产生信赖感和安全感。这样他才有兴趣寻求视觉、听觉等各种感官的刺激，进行探索和学习。这对孩子一生的发展和心理健康水平有着重要影响，因为亲子依恋关系可以影响到孩子成年后的人际关系模式。更何况你们老了以后有儿子孝敬，时时刻刻关心着你们，全家其乐融融，晚年的精神生活岂不是更美满幸福！"

我明确告诉女儿、女婿："我不是不心疼你们，尤其是沙莎，你是我的独生女儿，我能不心疼你吗？！不心疼你，我就不会离开生活了近60年的北京和我的朋友圈，与你爸爸分开，来到上海这个陌生的城市。如果不是为了让你们夫妇和儿子建立亲子依恋关系，我可以将孩子带回北京，和你爸爸共同照料，那会让你们更轻松。正因为我想到你们的孩子应该留在你们身边。形成依恋关系是在孩子从出生后到2岁，尤其是孩子6个月到2岁之间，这是非常重要的时间段。所以，我才会一次次被你说服，留下来帮助你照料孩子。虽然阿姨或者我在夜间都可以为你们带孩子，让你们轻松一点儿，但是我们不能代替你们与孩子建立亲子依恋关系。如果错过了建立亲子依恋的关键期，孩子对你们的亲密度就会降低。平时你们不能陪伴自己的孩子，又不能与孩子很好地进行沟通、建立信任感；日后一旦他们遇到事情不会把你们当成依赖的对象，也不愿意向你们诉说自己的心里话。这种冷漠的关系会持续终身，让你们追悔莫及。当然，那个时候我也看不见了。可是你们永远是我的孩子，我还要为你们负责。我可不愿意在九泉之下看到你们有一双不孝敬的儿子！"

“妈！看您说到哪里去了！您得长寿！我们听您的话，虽然我们白天没有工夫带孩子，夜间我们两个人自己带孩子。辛苦是暂时的，前途是光明的！”女儿笑嘻嘻地对我说。我的女儿就是脑筋转得快，很少让我生气。

父母有质量地陪伴孩子对形成安全的亲子依恋关系非常重要

与此同时，我告诫女儿、女婿：“既然要陪伴孩子，不在乎你陪伴孩子的时间长短，而是要在有限的时间内有质量地陪伴孩子；做负责任、对孩子需求敏感的父母，并对孩子的需求及时给予回应。同时，要调整你们的言行来适应孩子，不要把自己不良的行为习惯、个性和工作上不良的情绪强加给孩子；尤其是当孩子学会爬，开始脱离大人自己单独行动之后，一定要做积极鼓励孩子去探索周围环境和事物的父母，而不是限制他的行动自由。对孩子的正当需求要及时提供帮助，当然对孩子的不合理要求也要善于说‘不’，及早立规矩也是很重要的。回家后要多和孩子交流互动，让孩子从中获得快乐和喜悦，也能更好地建立和巩固亲子依恋关系。”

我记得有一首歌，歌中孩子唱道：

妈妈总是对我说，爸爸妈妈最爱我。

我却总是不明白，爱是什么？

爸爸总是对我说，爸爸妈妈最爱我。

我却总是搞不懂，爱是什么？

爱我你就陪陪我，爱我你就亲亲我；

爱我你就夸夸我，爱我你就抱抱我；

爱我你就陪陪我，爱我你就亲亲我；

爱我你就夸夸我，爱我你就抱抱我。

……

如果真的爱我，就抱抱我。

陪陪我，亲亲我，夸夸我，抱抱我；

陪陪我，亲亲我，夸夸我，抱抱我！

孩子对父母之爱的理解就是这样简单！因此绝不能在哺乳或者陪伴孩子玩的时候心不在焉，不可以玩手机或者看文件。其实孩子对父母陪伴时的言谈举止是非常敏感的。只有父母做到有效的陪伴，才能建立安全的亲子依恋关系。

就这样，两个外孙子先后由女儿和女婿夜间亲自带，一直到2岁才与父母分房睡觉。现在，孩子们都与他们的爸爸妈妈最亲；虽然外孙子与我也很亲，但是与他们的爸爸妈妈相比，姥姥就得靠边儿站了。每次在国外上学的大外孙子微信视频连线，都是先找他的爸爸妈妈，谈他学习过程中遇到的困难，与爸爸妈妈探讨解决问题的办法，或者分享在学校发生的一些愉快的事情，言语中无不透着相互间深深的信任感。然后才找姥姥微信视频。看到这些，我比谁都欣慰，没有任何失落感！因为我的建议让女儿、女婿和他们的孩子建立了安全的亲子依恋关系，这将是幸福他们两代人的事情。

依恋理论的提出者、英国发展心理学家约翰·鲍比曾指出："依恋是婴儿与特定对象之间的感情联结。它发生在婴儿和经常与之接触、关系最密切的成人之间。"这个特定依恋的对象可能是父母，也可能是其他稳定的抚养人。依恋是一种坚固而持久，甚至是永远的联结关系。这种依恋关系的产生，不但是一种生理现象，也是婴儿的一种本能行为。依恋关系的建立可以满足婴儿在生理上和情感上的需求，让孩子感到安全和快乐；同时，这种依恋关系会促使孩子以及抚养者互相影响，并且共同发展，产生永久的影响。从长远来看，对孩子的人格发展也会产生重要的影响。

依恋关系是随着孩子的成长而逐渐发展的，到了生后6～7个月时开始明显表现出来。有些婴儿甚至在出生4个月时就会对特定抚养者的笑语和拥抱，以咿呀声、微笑和笑声，以及全身活跃作为回报。如果婴儿发出的信号能够经常获得特定抚养人的如期反应，并可满足婴儿的需求，婴儿就会对他产生一种信赖感和安全感。有了这种信赖感和安全感，婴儿就能在陌生的环境中克服焦虑或恐惧，从而可以去探索外界的新鲜事物，并逐渐乐于与陌生人接近；这样就可使婴儿获得更多的信息，促进其认知能力迅速提高并发展。如果没有始终如一与婴儿接近的特定抚养者，就不会形成对特定抚养者的依恋；没有这种依恋，孩子就会对外界感到惊慌、焦虑和恐惧，产生不安全感。孩子与父母的不良关系也会影响孩子今后的人际交往。他会以此为根据，处理他将来遇到的人和事。这样的孩子在成年后与周围人相处时也难免会出问题，严重影响孩子未来的发展以及人格的建立。

这种感情上的依恋应该发生在亲子之间。因为亲子之间的感情联系具有先天基础，从怀胎10月到分娩过程、生后妈妈的喂哺，以及父母对他的护理行为和新生儿的行为都是由先天纽带所决定的。这种感情联系是一种生物—社会现象。父母，尤其是母亲和孩子之间的依恋质量是由母亲先天具有的母亲敏感性和母婴之间感情的纽带决定并建立的，是无可替代的。这种特定的亲子依恋系统是在亲子之间相互应答的过程中形成和建立起来，并且逐渐发展的。

依恋具有浓厚的情绪性。婴儿对依恋的对象常常表现出微笑、啼哭、咿咿呀呀发音、依偎、目光以及行动追随等。当依恋的对象存在时，婴儿的情绪稳定且愉快，能自由探索，并与成人进行远距离的交流；一旦依恋对象离开，孩子就会不安、哭闹并寻找。

但是，不是所有的孩子对父母都会产生依恋，并产生安全的依恋感。这主要取决于父母喜爱和接纳自己孩子的程度，同时也与父母对孩子发出的信号是不是敏感、是不是能够正确理解并及时作出反应有关。让孩子确信，在他需要的时候，他所依恋的对象能够满足他的需求和给予必要的安全保障，是建立安全依恋感的基础。如果父母对孩子发出的信号长时间不能作出及时的反应，或者不能正确理解孩子所发出信号的意义；也就是与孩子在日常生活中相互性差，不能形成积极的、恰当的、和谐的互动关系，也不能帮助孩子结交更多的玩伴；那么孩子就不会对他们建立安全感和依赖感，也就是说亲子依恋关系出现了问题。因此父母有质量地陪伴孩子对形成安全的亲子依恋关系非常重要。

链接

母婴依恋关系的3种类型

1.安全型依恋：这类婴儿与母亲在一起时，喜欢与母亲接近，但并不总是靠在母亲身边，而是放心地玩耍。他们时常观望母亲、与之微笑或远距离交流，寻求母亲分享他们的玩耍。母亲离开时，他们一般表现出不同程度的痛苦。当母亲回来时，他们会立即接近母亲，寻求抚慰，并很快恢复平静、继续玩耍。对陌生人反映出不同程度的警觉与怕生，但有时也能试图接近和表示友好。事实上，依恋安全感的建立是这种母婴之间和谐关系经常受到强化的结果。母亲的敏感性表现在当婴儿需要时及时给予帮助和安慰他们，鼓励他们独自玩耍和活动，鼓励并示范对陌生人表示友好，让婴儿对母亲离开有心理准备，并且从不欺骗他们。这类婴儿占60%～65%。

2.回避型依恋：这类婴儿经常对母亲很少理会，很少关心母亲离开，多数时间自己玩耍。当母亲回来时主动回避与母亲交往，抱他时会挣脱或身体移开、目光转移，平静地回到自己的玩耍中去。对待陌生人甚至比对待母亲的回避还要少一些。这类婴儿似乎对母亲没有形成亲密的感情联系。他们的母亲对婴儿的感情需要不敏感，或缺乏温情、表情呆板、很少愉快。因此，婴儿发出的感情信息经常受到冷遇。久而久之，婴儿对之的感情也变得淡漠，或为了避免缺少温暖回报的痛苦而采取了冷淡的防御措施。从一定意义上讲，回避行为表示的冷漠感情对婴儿个性的成长是不利的，至少它难以形成他们日后热情、开朗、乐观的性格，反而趋于内向。

这类婴儿占20%。

3.矛盾依恋型：这类婴儿对母亲的离开十分警惕，母亲离开后表现极端痛苦，但当母亲返回时表现出矛盾情绪。他们一方面寻求与母亲接触，同时在母亲亲近时又生气地拒绝，要花相当长的时间才能平复下来。此后将更加贴近母亲，生怕她再离开。他们在陌生环境中哭得最多、玩耍最少；对陌生人难以接近，社会适应上表现消极。这类婴儿没有建立起依恋安全感，是典型的焦虑型依恋。这类孩子的母亲对他们的感情依恋要求的反应往往很不一致，她们有时对孩子很亲近、依恋；有时又突然“不告而别”或欺骗孩子，不履行诺言；当孩子因此而十分痛苦和反抗时，有时又十分粗暴地对待。母亲反复无常的态度使孩子惶恐不安。他们对母亲无信赖感，不能预期在他们需要时，母亲能够到来；不敢离开母亲，也较少独自玩耍。这类孩子如遇到极端情况，他们将变得具有多疑、紧张而脆弱的性格倾向。这类婴儿占15%。

——摘自孟昭兰《婴儿心理学》

5

我的隔代育儿生活

隔代育儿不是那么简单

学会放手，
女儿、女婿才是育儿的
第一责任人

在养育孩子的过程中父母才是第一责任人

俗语讲："家有一老，如有一宝。"普天之下，芸芸众生尽皆知晓，以此号召人们要关爱老人。其实我觉得这句话应该改为："家有一老，胜过多宝。"为什么这样说？是因为这句话在我家是最能体现的。

女儿结婚时我已经办了退休手续，但我属于"退而不休"，闲不住的那种人。利用退休后的大量空闲时间，开始做我喜欢做的事情：出于对儿科专业的"苦恋"，我开始学习婴幼儿心理学，补上作为儿科医生所缺失的知识；学习早期教育的各种学术理论，以丰富我的科学育儿知识；参加各种学术讲座和学习班，更新自己的育儿理念；将自己的育儿实践集结成书，并在全国各地进行育儿的科普讲座；每天早晚与先生一起到公园散步……虽然忙忙碌碌的，却也过得十分惬意！

自打女儿告诉我她怀孕了，我就知道我必须舍弃当前惬意的生活，到一个我不熟悉又没有朋友的陌生城市，帮助女儿、女婿照顾他们的孩子。这是一项推都推不掉的长久任务，就像老北京人常说的：“像狗皮膏药一样黏在身上了，甩都甩不掉。”谁让我是他们的母亲，又是多年的儿科专家呢！

我是在女儿第一个孩子出生前10天来到上海的，一直到现在，已经在上海度过了整整15个年头。现在，大外孙子已经14岁了，小外孙子也已经8岁了。在这么多年的光阴里，我承担了女儿家的“管家婆”角色。几乎所有的家庭琐事都是我一手处置；虽然有保姆做帮手，但我还是需要全面统筹，有的事情更是需要我亲力亲为。包括孩子们从出生到现在每天的饮食安排、教会阿姨做北方的面食、两个外孙子早期的启蒙教育、每天接两个孩子放学（一个上小学、一个在幼儿园），直到小外孙子上了小学，我才结束了接送他们的任务。放学回家后，我还要关照他们的加餐、学习和玩耍……女儿、女婿从来没有为家里的琐事牵挂过。即使找育儿嫂，也是我一家一家去家政公司面试。

两个外孙子在我精心的呵护下极少生病，即便生病也都是我在家处理。孩子一生病就会到我的房间睡觉，由我来观察病情进行护理，谁让我是儿科专家呢！让女儿、女婿照顾生病的外孙子，我还不放心呢！（是不是我管得也太多了？）除了接种疫苗，他们没有到医院看过病。所以之前有人问我女婿如何去儿童医院看病时，女婿告诉人家，自己家的孩子从来没有去医院看过病，都是姥姥在家处理。对方张大嘴吃惊地说：“你家老大都已经12岁了，老二也6岁了，都没有去过医院看病？不可思议！”当女婿骄傲地告诉他们，自己的孩子从出生到现在没有吃过一片抗生素时，他们更感到不可思议。

我常常自豪地对女儿和女婿说：“我是一个上得了厅堂，下得了厨房的儿科专家。”虽然在这里我一直夸自己很能干，夸自己帮助女儿、女婿照顾孩子照顾得有多好，但是生活是实实在在的东西，我再能干也不能代替女儿、女婿承担养育孩子的责任！我不能越俎代庖。在养育孩子的过程中父母才是第一责任人，我只是站在他们后面协助育儿的人！

我对女儿、女婿说：“我可以帮助你们照料你们的家、做好后勤工作，让你们安心地去工作；也可以在你们工作时帮助你们照顾孩子，同时做好养育孩子的‘参谋’工作。但是养育孩子，父母是第一责任人，这是一项神圣的、无法推卸的责任。虽然你们有自己的事业，但是养育好孩子是你们所有事业的重中之重。不要认为在家有保姆、有姥姥，你们就可以撂下育儿的重担不闻不问。孩子上幼儿园、上学有老师教育，这只是孩子成长所接受教育中的一小部分，对孩子来说最主要的教育在家里。家庭才是孩子的第一课堂，父母是孩子的第一任老师；而且家庭教育对孩子来说是终身的教育。对孩子进行教育不同于加工产品。如果工业产品加工出来的是废品，我们可以丢弃不管或者再生产一件合格的产品。但是孩子如果错过了最佳的教育时光，成了一件‘废品’，你们是永远也丢弃不掉的，他将会一辈子站在你的面前，让你悔恨一辈子。孩子的成长没有第二次，世界上也没有卖后悔药的，所以你们要承担起教育孩子的首要责任！老百姓常用来骂人的一句话是‘有人生的，没有人养的’，说的就是这样一些不负责任的父母，只管将孩子生下来，却不介入孩子的成长过程，当然也谈不上对孩子的教育。我不希望你们做这样的父母！”

不要用孩子“抵押”来的勋章获得成功和荣誉

我对女儿说，我最欣赏的是《发现母亲》这本书的作者王东华说过的一段话：

人的生产是一切生产中最重要的生产，母亲才是创造历史的真正动力。虽然她在体力上抵不上一个男子，可是她可以把孩子培养成品德高尚的优秀人才，同时她也可以把孩子教唆成无恶不作的杀人犯。在孩子的成长上，母亲的作用占90%以上。只要母亲稍有疏忽，都有可能对孩子带来毁灭性的损害和打击。仔细观察，我们能够发现成功人士的身后往往有一位优秀的母亲。

如著名的华裔刑事鉴识专家、“华人第一神探”李昌钰的母亲，她独自将13个子女都培养成了博士。当李昌钰106岁的老母亲在纽约仙逝，美国前总统布什和各州州长都派人去吊唁。这是一位了不起的母亲，让我十分敬佩。我最不赞同某些媒体宣传的那些女强人，说她们为了工作，平常连孩子的生活和学习都顾不过来。这样的母亲不是一个合格的母亲。这样的女强人不但不让我佩服，甚至还让我厌恶。因为这些女强人当中有些人很自私，她们只热衷于自己所谓的“事业”，而在自以为是的“成功”之后，却为社会“贡献”了一个又一个的“累赘”。亦如王东华所说：

这些女强人是用孩子“抵押”来的勋章获得成功和荣誉的。其实，这正是这个女强人最大的失败。

我对女儿说：“我不希望你成为这样的女强人。因为你要付出更多，会更辛苦！不要抱怨，因为你是母亲，你和志勇是养育孩子的第一责任人！”

随后，我也对女婿说：“养育孩子，父亲同样也有不可推卸的责任。我在要求沙莎的时候，同样对你也有要求。你们两个应该互相配合，取长补短，共同抚养你们的孩子。”

我的女婿身上具有上海人的很多优秀品质，比如在月子里以及孩子2岁前与他们同屋睡觉时，夜间照顾孩子的事情主要是女婿做得多。当然，女婿还是很听丈母娘的话的，听完我的话，他笑着频频点头，说：“是。”

虽然我是如此严肃地对女儿、女婿提要求，其实我从心里心疼他们，恨不得把我所能做的事情全部包揽下来，减轻他们的劳累和负担。因为我知道女儿、女婿是工作狂，女儿也是事业上的女强人，在经济领域里也是小有成就的人。但是我又告诉自己，什么事情我都可以代替她，唯独养育孩子的事情我不能包办代替！不能把父母所应该承担的责任揽在自己的肩上，应该让女儿、女婿知道，这是他们不可推卸的责任！正如每次我在全国公益巡讲的最后都要告诫在场的年轻父母：

我可以教你正确的喂养孩子的方法；

我可以教你如何训练孩子掌握各项运动技能；

我可以教你如何给孩子进行早期教育；

我可以教你如何观察孩子的病情；

但是我不能帮你的是：陪伴孩子和给予孩子足够的爱！

同时，我为了写这本书，也在我的微信公众号“张思莱医师”平台上征求家长对隔代育儿的看法，其中一位家长的留言写得特别好，她以自己的生活经历谈到了父母陪伴的重要性：

在孩子的世界里，爸爸妈妈理应是最亲近、最值得信赖的人。如果因为老人的长期养育，导致爸爸妈妈的关爱亲子活动不到位，会让孩子缺乏相应的安全感，而这将会伴随孩子的一生。

从我自身经历说来，10个月大时开始由奶奶抚养并一手带大，直到上学时才回归自己的家庭。爸爸妈妈很爱我，奶奶也最疼我，但小时候一直会觉得妈妈是妹妹的，奶奶才是我的。我和妈妈亲近不起来，不知道是不是这个原因，我一直缺乏安全感、信任感，生活中很自我，较少顾及他人。知道自己有这些问题，想要改变，却不是那么容易的，最重要的还是觉得和妈妈之间有着莫名其妙的隔阂感。

年轻的爸爸妈妈们，如果有了宝宝，还是建议既然生就要养，能带在身边就带在身边，不能带在身边，创造任何机会也要带在身边哟。

于是，我们开了家庭会议，达成共识：女儿、女婿平时上班的时候，孩子由我来照看；只要他们下班，就是他们陪伴孩子的时间了；周末由他们带着孩子玩，我彻底休息（当然，我有心也照顾不了孩子，因为周末我要到全国各地做公益讲座）。女儿和女婿也商量好，尽量下班后或者周末不安排工作，即使有工作必须完成，也要在孩子晚上睡觉后再加班完成。我还不忘提醒他们：要陪伴孩子就一定要全身心地陪伴，绝不能心不在焉地坐在一边玩手机、看书，或者打电话谈工作，尤其提醒女婿更应该注意。

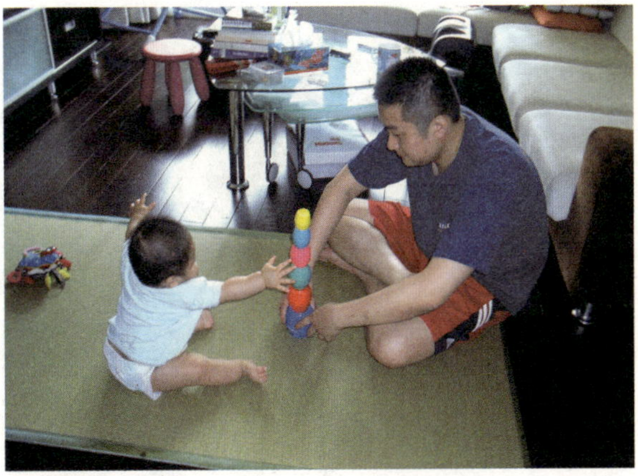

女婿与铭铭一起玩套碗

女婿陪恒恒搭小火车

女儿和铭铭一起做游戏

6

我的隔代育儿生活

隔代育儿不是那么简单

虽已退休，也要不断更新自己的育儿知识

年岁和经验不是居高自傲、故步自封的资本

我做儿科医生近40年，尤其是在农村县医院工作了近15年，见到的和治疗过的病种以及病情危重的患儿确实非常多，临床经验可以算得上丰富。但这并不能成为自己居高自傲、故步自封的资本。因为医学是一门不断发展的科学，需要不断地接受医学教育。作为一名儿科专家，更需要不断地学习，更新自己的知识，才能更好地指导家长进行科学育儿。刚退休时，我就担任了新浪育儿的专家顾问，做了0～1岁的论坛版主，之后又做了“育儿专家答疑”栏目（现在的“专家问诊”栏目），以及每天在微博上义务回答家长的各种育儿问题，与全国各地的家长交流甚多，为此当然不能抱着自己陈旧的知识来错误地指导家长如何育儿。

随着我国经济飞速发展，社会需求随之增加，人才的竞争也日益激烈。除了来自社会和家庭的影响，再加上我们国家大多数家庭都是独生子女，婴幼儿时期家长的娇生惯养、众星捧月，日后到了完全不同于家庭环境的幼儿园和学校中，孩子面对陌生的外部世界，所遇到的挫折和学习压力自然越来越大。快节奏、高竞争的学习方式以及社会的复杂性所造成的压力，使得越来越多的孩子处于难以承受的压力之下，导致行为发展出现偏离和异常，儿童、青少年的心理疾病发生率正在逐年升高。

在儿科医疗实践中，我发现有些孩子的疾病貌似是器质上的疾病，其实是心理上的问题。

我记得清清楚楚的一个病例是这样的：

有一年，一个5岁的孩子早晨9点多由母亲带到我的门诊看病。主诉是腹痛3小时；不吐；每天一次大便，大便形状正常；食欲也不错，就是自己喊肚子痛。我给孩子做了全身体检，也没有发现异常。不过在触摸孩子腹部时，无论我的手摸到哪儿，他都喊痛；可是腹部软软的，也摸不到什么。这是怎么回事？

我问家长："孩子肚子痛之前吃过什么东西？"

"就是和平时一样的早饭！"家长说。

"吃饭前肚子痛，还是吃饭后肚子痛？"我又问。

"嗨！就是去幼儿园的路上，他突然肚子痛了。"家长回答。

"这样吧！今天孩子也不用上幼儿园了，在家休息一天。你好好观察孩子，有问题随时来找我；没有异常表现，明天再到我这儿来看看！"我交代家长。

随后孩子跟着家长离开了门诊。第二天一早，妈妈带着孩子又来到我的门诊，妈妈说："回到家里孩子肚子痛就减轻了。中午饭吃得很好，下午玩得也很好，还跟着我去了一趟超市买东西。"

我仔细检查了孩子腹部，没有任何异常，我对妈妈说："看来孩子没有什么问题，还是送孩子去幼儿园吧！耽误幼儿园的课程也不好！"

妈妈带着孩子离开了。大约过了半小时，妈妈带着孩子又回来了。一进门，妈妈就焦急地说："还没到幼儿园呢，这个孩子肚子又痛起来了，而且还满地打滚。看滚得这一身土！医生你再给看看，孩子到底是不是真的有问题呀？！"

我赶紧让孩子上诊断床检查，检查后还是没有任何阳性体征。于是我让孩子先到外面等一等，我与他妈妈交谈："孩子确实没有器质性疾病。你应该仔细问问孩子，最近在幼儿园有什么不愉快的事情，也要向幼儿园的小朋友和老师调查一下。我估计孩子可能是惧怕上幼儿园才喊肚子痛的。给你我的电话，到时候打电话告诉我。"之后我叫孩子进来，对妈妈说："今天就别去幼儿园了！"孩子和他妈妈又走了。

过了两天，孩子的妈妈给我打来了电话，告诉我："孩子确实是害怕上幼儿园。他从出生就一直与爷爷奶奶一起生活，我对孩子不太了解。因为快要上学了，我才从老家把孩子接出来上幼儿园。他不愿意去幼儿园，也不愿意待在我这儿，每天都想念他的爷爷奶奶。一直央求我，把他送回老家去！"

我想，孩子可能简单地认为自己肚子痛就可以不上幼儿园，就可以回到爷爷奶奶身边了。

孩子妈妈问我，这种情况她该怎么做？我回答不出来，我告诉她：“好好陪伴你的孩子吧！多多关心他，让孩子重新爱上你们！”

看到自己苍白的回答，我反思作为一名儿科医生应该学习并懂得婴幼儿心理学，只有了解孩子的心理发展，才能给予家长指导。

上班的时候没有时间去学习另一门专业，退休后我就要干自己喜欢的事情了。于是，我参加了心理学学习班，并且自学了婴儿心理学、幼儿心理学、学前心理学、小学生心理学。面对外孙子的出生，我又阅读了其他一些关于学前教育的书籍充实自己。

回想我看过的这个孩子，由于出生后一直由爷爷奶奶抚养，父母错过了与孩子建立深层依恋的关键期。孩子的父母由于极少与孩子接触，对自己的孩子缺乏了解；孩子也对自己的父母越来越陌生，亲子之间感情日益淡薄。回到父母身边，面对陌生的环境、生疏的亲子关系，孩子会觉得孤独，显得压抑、怯懦；没有安全感或者表现得特别逆反，不愿服从父母的安排去上幼儿园。这时我才知道，这个孩子由于出生后没有与父母建立起亲子依恋关系，因此对父母生疏、冷漠，没有安全感，缺乏感情的寄托；尤其又把他送到了不熟悉的幼儿园，他会认为是父母再一次抛弃了他。而父母对他的一系列表现不敏感，没有及时疏导孩子的不良情绪。没有安全感的家庭和幼儿园促使孩子企图用腹痛来达到回老家找爷爷奶奶的目的，这不是机体上的疾病，而是心理上的“疾病”。

只要有空闲时间，我都会抓紧时间进行学习

我们这一代人是属于被“文化大革命”耽误的一代，虽说是“文化大革命”之前入学的大学生，没有像“老三届”那样上山下乡，但是在即将上大三，进入到临床见习的时候就开始了“文化大革命”运动，停课闹革命、反右倾、上山下乡……一系列的“运动”耽误了很多医学基础课程的学习。工作以后才知道耽误的这些课程对于指导临床工作和提高业务水平是多么重要，所以必须依靠自学来弥补专业知识上的不足，也必须付出更多的努力来追赶日益发展的医学，而劳累的临床工作又让我没有时间坐下来安静地学习。

退休后有了大量的空闲时间，于是我学习了有关营养学、早期教育等专业课程，还有幸参加了原卫生部组织的为期4年的“儿童早期综合发展”项目，让我有机会学习一些前沿的理论，并向其他领域的专家学习，以拓展自己的知识领域。正因为有如此想法，在带外孙子的过程中，只要有一点儿空闲时间，我都会抓紧进行学习。

7 隔代育儿不是那么简单

带孙实践
帮助我不断完善
专业知识

虽然我是儿科医生，但是第一次带自己的外孙子与平时照顾患儿还是有一定区别的。以前是患儿有病找我来看病，虽然我也会详细询问孩子的成长过程，但是与自己亲自带孩子相比，在照顾外孙子日常生活的点点滴滴中，我遇到的更多是孩子发育过程中宏观方面以及细节方面的问题，这些是书本上没有介绍和描述的知识。同时，我也发现了自己存在的一些问题。因此，我认识到需要不断地学习、不断地完善自己的专业知识，去解决实际遇到的大大小小的问题。

也正由于带外孙子的经历，我到全国各地讲课时，听课的家长才感到我的讲课内容十分接地气。那是因为我在讲课过程中所举的各种事例都是我带外孙子所经历过的，我讲的育儿经验以及失败的教训很多都是他们经历过的或者正在面对的问题，是他们常常遇到甚至认为难解的问题。同时，我的讲稿PPT中展示的几乎都是外孙子在生活中一些典型行为的照片，也更吸引家长的关注，让他们倍感亲切。因此，我的讲课也就更有吸引力了，家长认为其中不但有理论，还有接地气的事例来解释，更具有说服力。

错误的喂养方案让我至今心有余悸

我的大外孙子是在2005年出生的。我自认为是儿科专家，对于婴幼儿的喂养是内行，更何况手边还有《诸福棠实用儿科学》一书做参考，因此我信誓旦旦地开始实施我的喂养方案。根据2002年第七版《诸福棠实用儿科学》中的内容“婴儿自满月起需添加果汁和菜水”，并主张满4个月首先喂食蛋黄。于是，在大外孙子2个月零4天的时候，我就开始给他添加果汁，首先添加的是兑了水的现榨果汁。我还对女儿振振有词地叮嘱道：“添加果汁必须从少量开始，以观察孩子的胃肠道适应情况。当孩子适应这种果汁后，再开始添加另一种新的果汁或菜汁。榨好的鲜果汁最好兑温水，如果用开水可能会破坏掉一些水溶性的维生素。果汁中含有大量的果糖，孩子对甜味的亲和力很强，一旦体验了甜度很高的纯果汁后，就不愿意再接受甜度低的食品了，甚至根本就不愿意再喝白开水了。再有，因为果汁中糖的含量高，孩子吃后血糖升高，缺乏饥饿感，也影响奶的摄入。因此最好上午喂一次兑水的果汁，下午喂一次煮菜水。”这些主张貌似有理，所以我还对女儿叮嘱道：“这样添加果汁和煮菜水是为了满足孩子发育过程中对维生素、矿物质等的需求，也让孩子早期就对各种味道进行体验。因为胎儿在6个月时味觉感受器发育完成，并且在新生儿阶段味觉就十分敏感，不同的刺激物可以引起不同的味觉反应，且偏好甜味。为了满足孩子味觉发育的需要，也为了将来进食的多样化，孩子会将各种味道的信息储存在记忆仓库中，这样以后他就能够接受更多的口味而不至于养成偏食的习惯。”当时的想法是好的，但是我忽略了这个阶段小婴儿胃肠道的生理特点。小婴儿的肠道是身长的8倍，成人的肠道仅为身体的4.5倍；而且婴儿大肠与小肠长度的比例为1：5，成人为1：4。小肠相对较长，分泌面及吸收面大，有利于婴儿消化、吸收较大量的液体食物；而且小肠的吸收力非常强，肠壁的通透性高，有利于母乳中免疫球蛋白的吸收，但是也容易造成其他食物分子通过肠壁直接进入血液中而产生过敏反应。同时，由于肠壁屏障功能较弱，肠腔内毒素以及消化不全的产物较易通过肠壁进入血流，引起中毒症状。更何况鲜榨的果汁往往也存在污染的可能，对于胃肠道发育尚不健全的小婴儿来说，很可能引发感染。果汁中含有的糖是果糖，而果糖会阻碍人体对铜的吸收，铜的缺乏会影响血红蛋白的生成，从而导致孩子贫血。榨汁也会造成营养素流失，如流失膳食纤维、矿物盐、维生素以及胡萝卜素和花青素。过多饮用果汁还会造成孩子肥胖和龋齿，也容易导致孩子腹泻。

孟昭兰教授在《婴儿心理学》中写道：“凡是进入口中的东西，都要经受味觉的检验……同时，味觉也是婴儿认识事物的最初手段……新生儿的味觉十分敏锐，不同的味觉刺激物可引起不同的味觉反应。”记得我在科室内给医生和护士讲课时，给新生儿测试对不同味道的反应，重试了心理学家的实验，确实验证了出生2～3天的新生儿对15%蔗糖溶液吸吮的时间明显加长，吸吮的速度明显放慢，吸吮间隔明显最短。孟昭兰教授在《婴儿心理学》中也提出小婴儿对甜溶液吞咽的频率与含糖量高低相关，对于甜味刺激会诱发出“满意”的表情，而对于苦味会诱发出厌恶和拒绝的表情。

我在给大外孙子添加辅食时的做法也验证了这一点。记得铭铭小时候喝橙汁时，就表现出极大的喜悦，甚至有些急不可待。喝完后把奶嘴取出来时，他竟然大哭起来，小嘴还一歪一歪的，寻找奶嘴——没有喝够！那么，孩子偏好甜食是食物习惯养成的，即习得性的，还是另有原因呢？更多的研究认为味道的偏好和厌恶是习得性的。侥幸的是孩子这次添加果汁后没有引起不适的反应，也没有产生过敏现象。但是由于大量的果汁和煮菜水摄入，影响了纯母乳喂养的成功。直到现在，我还对自己当初给外孙子过早添加果汁和菜汁心有余悸，而且女儿纯母乳喂养不成功也与我的错误指导有关。正因为我自己错误的喂养方法，至今我的大外孙子都是一个特别喜欢甜食的孩子。当他在学校食堂买午饭时，也常常捎带一瓶饮料。虽然后来我一再告诫他不要喝果汁、不要喝甜味的饮料，但是仍然制止不了他对甜味食品以及饮料的渴望和厚爱。我想大外孙子这样喜食甜品，与我从小给他搭配辅食不合理养成了口味偏好的习惯有关。最新研究认为：糖是世界上用得最广泛的合法食品，但是很容易成瘾。因为它在大脑里面有成瘾的途径，糖的成瘾性是可卡因的8倍。人对甜味的偏好与生俱来，这是因为人的味觉细胞中有很多甜味受体。人吃了甜味食品后会让大脑的快乐中枢和奖赏中枢兴奋，分泌出类鸦片的物质——内啡肽，让人产生愉悦、欣喜的感觉。甜味除了通过神经传导给人带来愉悦的感觉，也会影响体内激素，使大脑无法发出饱腹的信号，肚子饱了却还想继续吃。另外，糖还会使大脑不间断发出要摄入糖分的信号，就像烟瘾一样，吃糖的人会越来越爱吃糖。

职业责任促使我通过大众科普弥补遗憾

正因为大外孙子的味道偏好带给我在育儿过程中的经验教训是深刻的，所以我在应邀给几家电视台做电视节目时，建议一定要在育儿节目中谈谈婴幼儿喂养中有关隐性糖和隐性盐的问题。因为隐性糖和隐性盐的问题也恰恰是家长特别容易忽视的问题。

糖属于碳水化合物，可以提供和储存能量、参与细胞组成和多种活动，是构成组织十分重要的生命物质。但是糖摄入过多，会造成肥胖、龋齿、偏食、挑食、高血糖、糖尿病、血脂异常、高血压等儿童代谢综合征发生，也为成年后患肥胖、高血压、心血管疾病等埋下隐患。我们常说的糖，主要是指游离糖。游离糖包括由生产商、厨师或消费者在食品中添加的单糖和双糖，以及天然存在于蜂蜜、糖浆、果汁中的糖。我说的隐性糖，即在食品中添加的糖，并不包括完整新鲜水果和蔬菜中的内源性糖、奶类中的乳糖，也不包括薯类和薯类中的淀粉。世界卫生组织所说的需要限制的游离糖，指的是单糖（如葡萄糖、果糖）、双糖（如蔗糖），以及天然存在于蜂蜜、糖浆、果汁和浓缩果汁中的糖。世界卫生组织建议成人糖的摄入量控制在50g/d（相当于11块方糖），最好是25g/d（相当于6块方糖），不能超过每天所摄入的碳水化合物的10%。

1岁内孩子的辅食不能添加糖；

1～2岁每天摄入糖量：5～10g；

2～3岁每天摄入糖量：7.5～12.5g；

4～5岁每天摄入糖量：10～25g。

（这里谈到的糖主要是指游离糖。）

根据近年来的研究发现，糖具有成瘾性，是一种有潜在危害且容易让人上瘾的物质，使大脑产生依赖。最近这两年，世界卫生组织和美国食品药品监督管理局，都对糖的摄入量进行了建议和规范。美国的研究人员呼吁，各国应像对待烟、酒那样对甜的食品和饮料征税，减少人们摄入糖类。美国儿科学会发布的《儿童果汁饮用指南（2017年）》特别提出，对1岁以下的宝宝来说，100%纯果汁可能会影响他们的健康，不建议家长给儿童饮用。这里的果汁是指100%灭菌纯果汁，至于勾兑果汁以及用香精、色素、白糖甜味剂等调和而成的果味饮料、果酒，浓度低于100%的稀释果汁和果水，更应被全面“封杀”！同年6月，美国儿科学会在官方杂志《儿科》发布《儿童饮用果汁指南》建议：

1岁内小婴儿不能饮用果汁；

1～3岁孩子果汁的摄入量应限制在每天不超过120mL；

4～6岁孩子果汁的摄入量应限制在每天120～180mL；

7～18岁儿童或青少年果汁的摄入量应限制在每天240mL。

而我恰恰犯了这个错误。由于我犯的错误是时代认知的限制，于是我在小外孙子出生后添加辅食时就修正了这个错误。

2019年，世界卫生组织最新建议：3岁以内，婴幼儿食品不得加糖。

其实，在我们生活中含有隐性糖的食品有很多，如饮料、糖果、面包、蛋糕、饼干、果酱、果冻、蜜饯、雪糕、冰激凌，雪饼、鲜贝、虾条、膨化食品、核桃粉、芝麻糊、肉干、肉脯、话梅、酸奶、番茄酱、烧烤汁等，以及经过红烧和烧烤的各种食品。一瓶500mL的甜味饮料含糖量约40～50g；两三块甜味饼干的含糖量很可能超过20g。某款100g装酸奶含糖14.5g，某款310mL装凉茶含糖28.2g，某款500mL装酸梅汤含糖56.5g，某款500mL装冰糖雪梨含糖59g。

正因为如此，我建议在《拜托了妈妈》中专门做一期有关控制隐性糖的节目。在节目中通过展示高糖的食品，以及计算每种加工食品中游离糖的含量，让家长们清楚地了解这些食品所含的游离糖大大超过了世界卫生组织的限量，应引起家长的警觉，让孩子远离游离糖。

也出于我的职业责任，看到外孙子学校食堂卖饮料给孩子们喝，促使我给他的班主任写了一封建议信：希望学校食堂和小卖部控制卖给孩子饮料以及一些不健康食品，并建议在班上开展有关食育方面的教育。学校接受了我的建议，食堂贴出了每人限购一瓶饮料的告示。可喜的是，2018年由教育部、国家卫生健康委员会、国家市场监督管理总局共同出台的《学校食品安全与营养健康管理规定》，在2019年4月1日正式施行，这是面向中小学、幼儿园的一次全面行动。其中第20条令人关注：

> 中小学、幼儿园一般不得在校内设置小卖部、超市等食品经营场所，确有需要设置的，应当依法取得许可，并避免售卖高盐、高糖及高脂食品。

这项规定有效地避免孩子接触这三类东西。

《中国居民膳食指南（2016）》指出，7～12个月的婴儿开始添加辅食时，一定要让孩子品尝食物的原味；让孩子在味道记忆仓库中多多储存各种食物的味道；让其有机会通过接触、感受和尝试，逐步体验和适应多样化的食品。

根据网上的研究发现，出生17～26周的婴儿对不同口味接受度最高。因此，在给7～12个月孩子添加辅食时，特别强调辅食不加调味品，尽量减少糖和盐的摄入。加了调味品，孩子就会难以接受其他味道的食品，发生味道的混淆。这里限制盐的摄入，主要是限制食盐中矿物质——钠的摄入。高盐（高钠）的摄入会为儿童埋下患高血压、心血管疾病和脑卒中的隐患，同时也会增加患胃癌和骨质疏松的风险。但是孩子一旦尝试了咸味，就会更容易接受咸味的食品，从而拒绝其他味道的尝试，而且他对咸味的要求也会越来越高、越吃越咸。因此，限制盐的摄入必须从婴幼儿时期开始。我们当中的一些家长虽然也注意了盐的摄入，但却忽略了饮食中隐性盐的摄入问题。在生活中，隐性盐的摄入也是一个不可忽视的问题。因此我在电视节目中曾谈到过哪些食物含有隐性盐，其中也包括含钠高的一些蔬菜，在1岁后，给幼儿食用时也要注意减少盐的摄入。记得有一次我和奥运体操冠军杨威做《拜托了妈妈》节目时，特别提醒家长要懂得如何根据钠的含量折算出食盐的含量。在此也说明一下，目前，我国关于食品的营养成分表中都标识的是100g（或100mL）食物中钠的含量。父母可以根据营养成分表中钠的含量，通过计算公式：

食盐（g）=钠（g）×2.54

就能计算出每100g（或100mL）此种食品含有多少盐。（小感叹一下，录制现场杨威心算反应非常快，总是第一个得出答案，真不愧是奥运冠军！）同时，在节目中也告诉家长肉、鱼、虾、贝等食物也含有不少钠。我们日常生活中吃的面包、起酥类食品、麦片、饼干、西式蛋糕、中式点心、奶酪、牛肉干、海苔、薯片以及熟肉制品等都是含钠量较高的食品。某些矿泉水中每100mL含钠量也会达到80mg。因此，幼儿及学龄前儿童吃这些食物时，家长应该适当注意减少其每天盐的摄入量。

丰富自己的经验，传授给更多家长

我不是一位故步自封的老人。虽然已经退休，但是我的思想并不守旧，即使在带外孙子的过程中，也一直舍不得离开我的专业，根据带外孙子遇到的问题不断地学习先进的育儿知识。每当中华医学会有关专业制定的指南颁布或有关专家达成了新共识，我都要找来好好学习。2002年，世界卫生组织和联合国儿童基金会联合颁布的《婴幼儿喂养全球战略》中明确指出："母乳喂养是为婴儿健康生长与发育提供理想食品的一种无与伦比的方法。作为一项全球公共卫生建议，在生命的最初6个月应对婴儿进行纯母乳喂养（纯母乳喂养是指除给母乳外不给孩子其他食品及饮料，包括水，药物、维生素、矿物质滴剂除外），以实现最佳生长、发育和健康。之后，为满足其不断发展的营养需要，婴儿应获得营养充足和安全的食品补充，同时继续母乳喂养至2岁或2岁以上。"并提出："儿童有权获得充足的营养及安全和有营养的食品，两者对于实现其享受能获得的最高健康标准至为重要。”

在察觉自己给大外孙子添加辅食的错误之后，等2011年小外孙子出生后，我在给小外孙子添加辅食时改正了以前添加辅食时的错误做法。

如今，我又根据《中国居民膳食指南（2016）》的文件内容，修改了我的讲课稿。记得当我得知中国营养学会重新颁布了2016年版的《中国居民膳食指南》，在还没有拿到刚出版的新书时，我因担负着中国关心下一代工作委员会儿童发展研究中心主办的“中国母婴健康成长万里行”大型公益巡讲的任务，而恰恰我马上就要去下一个城市举办“科学喂养新主张”主题讲座。是讲以前陈旧的喂养知识，还是讲刚刚颁布的《中国居民膳食指南（2016）》中有关婴幼儿喂养和学龄前儿童营养的知识呢？我觉得不能再给家长讲旧的知识了，一定要让家长了解新的知识。怎么办？如何拿到这本书？我首先向人民卫生出版社认识的一位编辑索要刚出版的新书。这位编辑遗憾地告诉我，她目前还没有拿到这本书。但是她告诉我，在天猫上的人民卫生出版社旗舰店刚刚开始预售这本书，全国还没有铺货。于是，我让女婿赶紧登录天猫这家旗舰店（不好意思，我还不会使用支付宝买东西），终于购得这本书。在我讲课的前一天，我收到了这本书。我连夜修改了讲课稿，保证了参加这次讲座的家长能够及时获得新的喂养知识。同时，我通过学习，进一步领会了《中国居民膳食指南（2016）》的知识。之后，但凡有中国营养学会妇幼营养分会举办的讲座，我都积极参加，聆听这些营养大咖的有关课程。更欣慰的是，中国营养学会妇幼营养分会的汪之顼主任、赖建强常务副主任和曾果副主任也都给予了帮助，使得我不断更新自己的知识，并不断完善自己的讲稿，将最先进的科学育儿知识传授给家长们。

8

隔代育儿不是那么简单

学习脑科学发展的知识，我教外孙子认字

每一个行为的第一次闪现都可能预示着一种潜能的开始

我的大外孙子铭铭在4岁6个月时已经认识2500多个汉字了。每天，只要我从楼下取来报纸，外孙子就成了与我们争夺报纸的对手，往往因为外孙子与我抢报纸使得我不得不选择在他“看完”报纸后再去捡“剩”。虽然他看报纸经常遇到不认识的字，但是通过认识的字上下串联起来，再加上“猜”，以及有时询问我（不管我有多忙，他都会固执地让我必须告诉他），大标题基本上能读出个八九不离十。

首先在这里声明：我的外孙子不是神童，而是十分好动和淘气的孩子。有时，铭铭自由散漫得让我十分气恼：在幼儿园老师上课的时候，他会下位子到处游逛或者与小朋友窃窃私语（他学习“窃”字时，学会了“窃窃私语”这个成语）；当老师提问题要求小朋友举手回答时，他往往

不等老师叫而抢先回答；睡午觉时，他又希望老师能够经常坐在他的身边陪着他。为此我和他的父母与老师商量，希望老师与我们配合严格管教他，让他懂得遵守幼儿园的生活规律。我们在家里和外出时也帮助他建立良好的行为准则，因为这个阶段正是给孩子建立良好的行为和规矩的时期。

我是如何发现铭铭对认汉字有兴趣的呢？起因是，全国各地一些育儿类杂志社经常向我约稿，所以家中不断收到各种育儿杂志，每每杂志寄来后我都要认真地看看，一些杂志还会夹着一本幼儿读物作为随刊附赠，像《父母必读》杂志的《阿毛好习惯》、《亲子》杂志的《宝宝画册》，铭铭都特别喜欢。一旦夹有幼儿读物的杂志寄来后，我都会将这些读物拿给铭铭看，因为他特别喜欢“阅读”。铭铭平时特别活泼好动，而且十分淘气，只要睡醒了一睁开眼，就没有一刻“消停”，大人必须随时在他的身边，预防他因为淘气而发生意外。但是只要让他看书（绘本），他就会立刻安静下来，并且全神贯注地“阅读”起来。与其说他是阅读，倒不如说“看”书。

每次我们都是先让铭铭看书中的画面，理解书中画的是什么意思，让他简单地叙述一下他所理解的内容；然后再根据书中的文字念给他听，让他进一步理解画面的含义。铭铭最喜欢大人给他念书，也喜欢学书中的儿歌，像《宝宝画册》和《阿毛好习惯》里的儿歌，铭铭几乎都学会了。铭铭念起来朗朗上口，让我听起来感到那么的悦耳！（真是应了老话：庄稼是人家的好，孩子是自己的好！哈哈！）铭铭还能把书中的故事绘声绘色地讲出来，他的面部表情也极为丰富。我心里就在想：看来这个孩子的语言天赋不错，应该注意往这方面培养。这些幼儿读物铭铭特别喜欢，自己反复去看，即使这些书大人已经给他念了无数遍，并且已经熟悉得不能再熟悉了，可是他每天还是缠着大人再给他念这些书。他从来不会感到厌烦，而且还十分认真地听大人念书，就像读新书一样，这大概就是这个年龄段的特点——喜欢重复。

有一天，我闲来无事，坐在他的身边看报纸，铭铭正在翻看一本《宝宝画册》。这本画册的最后一页印有公交车、汽车、火车的图画，还在旁边标注了汉字，因为铭铭喜欢车，所以他反复地看着这几种车的画面。我在一旁就听见他自言自语地念道："火——车——、汽——车——、公——交——车——。"我在旁边听着，心里想：莫不是这个孩子认识这几个字？还是胡乱念的？于是，我放下报纸，指着"车"字问他："这个字念什么？"铭铭回答："车！"我又指着"火"字问他："这个字念什么？"铭铭回答："姥姥，我认识，念——火。"随后我又连续问了"公""交""汽"字，发现他全认识。随后我又翻到前一页认识颜色的画面，上面画着的红点旁边写着"红"字，紫色点的旁边写着"紫"字，我指着这两个字问铭铭认识吗，铭铭回答说认识，并且用手指着念全然没错，甚至还能分辨出0、1、2、3。2岁半的孩子能认识字了？这让我欣喜若狂！北京大学著名婴儿心理学教授孟昭兰认为："一些心理学家认为对婴儿进行识字训练有着对大脑留下记忆痕迹的作用。但是，父母应当本着亲切和蔼的态度、自然而然的原则去进行，使之变得具有游戏性质，绝不可强求。"铭铭是真的对汉字很敏感吗？虽然我对此半信半疑，但还是引起了我的注意，在之后发生的一件事情更加坚定了我的这种认识。

在我家做家务的阿姨是个文盲，对于这个还不到30岁的年轻人竟然一字不识，我感到十分惋惜。因此，我给她买了认字卡，让她跟着我学习认字。每天晚上她工作之余我就教她认识5～10个字。2岁多的铭铭一会儿跑过来看看，一会儿又跑去玩。有一次，我拿着卡片问阿姨这是什么字时，还不等阿姨回答，铭铭在一边看见了马上说："姥姥！我知道这个字——米。""姥姥，这是香、这是林……"我吃惊地看着他："你怎么会的？""你不是教阿姨嘛，我在一边学会的！"铭铭自豪地说。

我给家长们讲课时常常谈道："人类是在大脑发育不成熟的状态下出生的，出生后需要继续发育，逐渐成熟。父母的遗传基因搭建了孩子大脑的基本框架，但是以后的生活经验和学习决定了孩子大脑最终的结构。孩子的早期经验，尤其是生命最初3年所获得的经验将决定大脑的构造，他所经历的事物越有意义，越具有连贯性和趣味性，大脑就塑造得越精妙，孩子就越聪明。孩子每一个行为的第一次闪现，都可能预示着一种潜能的开始。以后每一次的体验或经历都会强化大脑内的神经连接，而每一个被强化的连接都将可能成为孩子大脑的永久构建部分，潜能就会被激活成为孩子的一种特殊能力。如果忽视了，不再使用这条神经通路，这条神经通路就可能被修剪掉。"正如美国哈佛大学霍华德·加德纳教授所说："智力是中枢神经系统的一种潜在的发展能力。这种潜能是不能用肉眼看到或用某种特定的标准测量出的；这种潜能在特定文化的环境和教育下可能会被激活，也可能不会被激活。"

发现铭铭对认汉字有一种"灵性"，我想我应该去强化它，这时去做这件事可能会收到事半功倍的效果。根据脑科学的相关研究，家长或教育者在陪伴孩子的过程中应该具有敏锐的洞察力，发现他某种行为的第一次闪现，实际上这就是某种行为敏感期的开始。家长能够及时地抓住它并创造各种机会不断地强化它，促使这条神经通路保留并固定下来，成为大脑永久建构的一部分，使他的潜能逐渐发展成为他的一种能力。这就是早教专家常常说的："抓住了孩子发展的敏感期进行训练就会收到事半功倍的效果。"

对于学龄前儿童认识汉字，我一直赞同"学前儿童双语国际教育研讨会"上来自京沪两地的教育专家的观点，他们认为孩子学汉字的最佳年龄段为3～6岁，让孩子及早阅读对培养孩子学习兴趣有利而无害；并且认为目前我国小学教育大多数情况是从学习汉语拼音开始（大约6周时间），通过看图读拼音识字不利于孩子思维的发展，由于识字晚、识字少，远远不能满足孩子智能的发展。同时，与会专家们认为如果孩子在上学前认识2000个字左右就基本解决了阅读的问题。

这一点也符合蒙台梭利有关敏感期的早教观点，她认为4岁以前是形象视觉发展的关键时期。汉字虽然是符号，但是它与一些外文字母大相径庭，单独的外文字母并没有任何含义，必须经过拼写才能形成词语、才能让人读懂含义。而中国汉字是由象形文字演变而来，具有形、象、义等特点。古人造字的形象都与人们的日常生活、劳动操作或天文景观、大自然中的万物密切相关或有着相似的地方。而且一些文字各个部分的排列很容易让人产生在看一幅画的感觉，它很形象。如果将字拆开看，每个部分都可以表达一定的意思，而且往往与整个字义有着相关的联系。有的字可以由几个不同的，但是与这个字含义相关的字组成。一个字代表了这个字的所有含义，而且还可以与不同的字配对组成不同含义的词语。所以当孩子学习汉字时很容易与现实生活中的实物联系起来，明白它的意思，从而引起学习的兴趣更易记牢。例如，羊有两个犄角、一条尾巴，所以孩子在学习“羊”字时就会看到字的上面有犄角一样的一点一撇的两个笔画和拖着的一条“尾巴”，这样孩子就很容易学会“羊”字了。再比如，一个“木”，可以表示一根木头；两个“木”就可以组成树林的“林”字；再加上一个“木”就是更大的树林，即森林的“森”。解释“掰”字，我们可以告诉孩子用两只手同时分开一件东西就叫“掰”；再如“播”字，可以组成广播、播放、播种、播音、转播、播撒等词语，从而训练孩子的发散思维。虽说汉字是汉语的基本符号，但是它留在孩子大脑中的是一幅画的表象（表象是指人们在头脑中出现的关于事物的形象），形象思维就是凭借表象来进行思维的。因此，3岁以后随着记忆力的发展，启发孩子的形象思维能力，让孩子多看、多听、多说、多接触，有助于提高他的认知水平，丰富书面语言水平，发展智力。

早期教育要符合孩子大脑的发育规律

3～6岁学习汉字符合孩子大脑的发育规律。

3～4岁是孩子从直观动作思维逐渐向形象思维过渡时期。所谓的直观动作思维，是指孩子的思维借助对具体事物的直接感知和动作进行思维，并发现问题和解决问题。离开了具体事物的感知和动作，孩子的思维就停止了。而形象思维是凭借储存在大脑中的表象来进行思维的。

4～6岁是形象思维发展时期。思维已经从事物的外表向内部，从局部到全部进行判断和推理，从理解事物的个体发展到对事物关系的理解。对于孩子来说，中国汉字就是一幅画、一张图，认字的过程就是鉴赏“画”

的过程。通过认字还能培养孩子的细微观察力和思维力，更何况6岁以前是孩子的细小事物敏感期。

因为一些汉字确实需要仔细观察才能认识清楚，如“报”和“极”、“这”和“过”、“地”和“他”、“大”和“太”等，孩子必须做比较、找差别，经过思维才能认识准确。一些不同的汉字还能组成新的汉字，如“日”和“月”可以组成一个新字“明”；因为在月亮和太阳的交替照射下大地才能明亮，也指当天空各出现一次太阳和月亮后就是“明天”的开始。这种组字对于孩子来说就像是游戏和猜谜语，可以激发学习的兴趣。因此，认识汉字还有助于孩子的注意力、观察力、想象力、思维力、记忆力的发展。等到上小学才开始通过拼音学认字，岂不是走了国人学习“外文”的道路，我们为什么不能将老祖宗留下来的东西直接加以利用，非要绕道而行呢?

现有的小学阶段教育方式局限了孩子的阅读发展。而阅读带给孩子的是知识的增长和眼界的开阔。我们都知道，一个人的知识不能完全依靠自己亲身经历的事情来获得，更多的是需要通过学习间接充实自己的头脑的。如果孩子因为不认识字而不能阅读的话，自然就失去了获得更多知识的机会。所以一些早教专家，包括美国前总统老布什先生的夫人芭芭拉，在美国一直致力于推广早期培养儿童阅读好习惯的理念。古人说：“书中自有黄金屋，书中自有颜如玉。”可见，古人对阅读也是情有独钟。

我联想到铭铭2岁回北京过春节时，我的朋友送给他一个数字火车玩具。铭铭喜欢得不得了，没过几天就借助火车车厢的排列认识了0、1、2、3这四个数字。阿拉伯数字是抽象的符号，铭铭并不理解数的概念，但是他能够在很短的时间里记住这些符号（这是机械记忆），并且能够准确地认识它们；说明他对感兴趣的东西还是能记住的，只不过不理解就是了，但这不妨碍他将每节车厢按顺序排列起来（当然他还不懂得排序）。

但是对于汉字就不是这种情况了，铭铭在2岁5个月时通过看图认字已经将《亲子》杂志赠送的《宝宝画册》中的火车、公交车、汽车、消防车几个字认识了，因为他对这几种车最感兴趣。于是我又将生活中他最亲的人和接触最多的人的称谓：妈、爸、姥、奶、爷、姑、姨、叔、弟、妹、哥、姐等字，还有爸爸、妈妈以及铭铭的名字，生活中接触的物品，身体各部分的名称，用PPT将一张A4纸做成6张识字卡片来教他认字。由于和生活情节紧密相连，所以铭铭到3岁时就全认识了。

铭铭用数字火车玩具认识数字，学习排序

孩子的教育需要在循序渐进、寓教于乐中进行

我又想，怎么样继续调动孩子学习汉字的兴趣呢？中国的汉字这么丰富，不像英文字母只有26个，那么应该选择哪些字让他认，才能引起他认字的兴趣呢？于是，我想到了通过阅读他最喜欢的绘本中的生字来让他学习认字。有幸我们从孩子小时候就培养了他爱看书的好习惯，平常他也最喜欢让我们念书。别看平时特别好说、好动，但有两件事情能够让他安静下来：一件是看书，另一件就是看动画片（当然每天限制他看的时间啦）。为此，我们给铭铭买的幼儿读物特别多，每隔一个月左右我都会上当当网或淘宝网去挑选和购买一些适合他的读物。现在，他屋里的书架上已经由书籍代替了玩具，书架几乎占据了一面墙。

只要新书送到家，铭铭就迫不及待地拆掉包装开始看起来。在很小的时候，他最先是看画面，通过画面来理解书的内容；然后让我们给他阅读，当然阅读时需要抑扬顿挫、声情并茂，极富感情色彩。碰到铭铭不认识的生字就是我记下，并随后打印出来教给铭铭的。因为教给他的生字都选自他最喜欢的书籍，书中的内容经过反复阅读，他已经熟知，再教他去认就相对容易了。当铭铭将一本书的生字全认会后，我让铭铭再给我念这本书；当铭铭全都顺畅地念下来时，鼓励和夸奖是绝对不能缺少的。对于铭铭来说，成就感油然而生，让他对自己认字充满了信心。

另外，电视中的广告、大街小巷的名字、公交车站名、公司的标牌都成了铭铭认字的媒介。随后我又与幼儿园老师商量，让铭铭利用班级活动给小朋友讲书，第一次选择的是《亲子》杂志赠送的《宝宝画册》中的故事——《机器人的心房》。据班主任钱老师（她是上海“新长征突击手”、华东师范大学学前教育系毕业的女教师）讲，铭铭给小朋友念书绘声绘色、抑扬顿挫十分投入，还会在念的过程中给小朋友讲解书中的含义，而且适当地就书中的内容提出一些问题让小朋友回答。当然这些问题都是我们给他读这本书时曾经问过他的。铭铭讲完书后，小朋友们都被故事吸引住，纷纷要求看这本书。铭铭慷慨地答应将书留在班上的小图书馆（钱老师要求每个孩子带一本书，送到班上的图书馆，大家互相借阅）里，让大家轮流看。

铭铭每次的认字时间多选择在早晨起床洗漱完毕吃完奶后，时间长短不固定，一般每次只有10～20分钟，然后就是大便时间。所以每天早晨，铭铭都是在6：20～6：25被叫醒（前一天晚上9：00～9：30睡觉），等到7：30开始吃早饭，8：00送幼儿园（幼儿园要求送入时间为8：30～9：30）。

在认字的时候，我通常会摆出10张字卡；由我先念出每个字，在念字的过程中，我都要联系书中的内容，让他感到这个字并不陌生；然后带着铭铭念这个字。

碰到多音字，我会将同一个字的不同读法讲给铭铭听。例如“差”，可以读chāi，也可以读chā、chà、cī。于是我告诉铭铭：“姥姥出差讲课去，‘差’在这里就要念成chāi；出差错了，在这里就要念chā。”

对于一些字的部首，我也要给铭铭解释清楚。例如，铭铭学习了“撑”字，我就用手盖住旁边的部首“扌”（提手旁），告诉铭铭去掉部首就是手掌的“掌”，撑在地上必须要用手掌，所以“撑”字由手掌的“掌”字和“扌”组成；一般来说，只要涉及手的功能，这个字就多用“扌”做部首。这样一来，铭铭就能够更多地理解带有“扌”的字了。继而告诉铭铭涉及脚的功能，字中可能就会出现“足”；涉及水的字，部首就可能有“氵”；涉及人的字，部首就可能是“亻”；涉及土地的字，字中就可能出现“土”……如此，铭铭就在理解的基础上认识生字了。

对于新字，我要求铭铭做组词训练。例如认“决”字时，铭铭告诉我可以组成“解决”“决定”“决心”“坚决”，这样又促进了他的发散思维，扩大了词汇量，同时书面语言也获得了发展。

对于一些可以组成成语的字，我也将相关的成语讲给他听，就像前面讲的“窃窃私语”，就是我在教铭铭认识“窃”字时讲的。当时铭铭问我什么是窃窃私语，我告诉他就是两个人小声说话不让别人听见的意思。随后我就演示了在铭铭耳边小声说话，告诉他这就叫“窃窃私语”，这样铭铭又学会了应用“窃窃私语”这个成语。

在做字卡时，我每次都做100多张，也就是100多个生字，每页纸有6个生字，打印后用切纸刀切成长方形字卡。第一天学习生字，第二天复习一遍，直至铭铭熟练地掌握了这几个生字后，再开始认新字……如此反复。当全部字卡认识完后，再花2天将这100多个字全部复习一遍以巩固记忆。当然，中间也有因为我有事或者其他特殊原因导致停顿几天的情况，或者铭铭不好好认字而延长时间的情况，不过基本上的规律是这样的。

由于铭铭认的字比较多，往往有时我已经记不清他是否认过了这个字，结果费力打出了他已经认识的字。所以，后来每次在电脑中做完字卡后，我都先让铭铭再看一遍是不是有他认识的字（这也是帮助铭铭再复习一遍）。记得有一次我辛辛苦苦地做了200多张字卡，让铭铭看看是否有他认识的字，结果铭铭一查，其中60多个字是他认识的。

对于字形相近的字，我尽量给他找出原来出现过的相近字卡进行对比，让铭铭通过观察找出不同，从而加深了对字的认识，不容易认错。

从一年多来教铭铭认汉字的实践中，我体会到在铭铭快4岁时认字的速度明显加快，而且对生字的含义更容易理解了。

当然，每次铭铭认生字的注意力也不是完全集中的，他经常将字卡摆成火车模样，还自言自语道："这是车厢、这是车头、这是车尾……"于是我就借机问："请问铭铭，车头念什么字、车厢念什么字、车尾念什么字……"把认字当成一种游戏来进行。有时遇到铭铭手脚不老实，一会儿摸摸这儿，一会儿动动那儿，眼睛东看西瞧，因此我还要不断将铭铭的注意力拉回到认字上来，采用的办法就是记分奖励。

对于学习写字这一项，我没有进行。我认为孩子的手指骨发育还不成熟，手指的精细动作还需要继续完善，那时尚且不适合学习写字，不过他在进行连线和涂色上已经完成得不错了。

因为铭铭已经认识数字了，我又打印了数字的字卡，通过移动数字卡教铭铭学会了简单的加法和减法。所以他在上学后对加减法已经熟练掌握了。

我给铭铭做的厚厚的字卡，浸透着我的心血

我给铭铭打印的数字卡

孩子的教育需要循序渐进，需要在寓教于乐中进行。为孩子的一生打下坚实的基础是我的心愿，愿铭铭茁壮成长。我将女儿培养成“哈佛生”，真的希望在我有生之年再和女儿、女婿合力培养出一个“哈佛生”！愿我的经验对大家育儿有所帮助。

9

隔代育儿不是那么简单

我的隔代育儿生活

如何看待隔代育儿的溺爱

隔代人为孙辈的付出是一种伟大的情感

中国科学院心理学研究所博士生导师王极盛曾在数万人中间做的一项调查表明，95%以上的家长没有学习过如何教育子女这门学问，其中隔代祖辈的比例接近100%。在写这本书前，我看到了很多有关隔代育儿的书籍。这些书籍更多的是谈论隔代育儿弊病，尤其是讲隔代人对孙辈往往是溺爱有加，是隔代养育的一大罪状。其实，溺爱孩子不是隔代人的专利和代名词，孩子的父母也存在着溺爱孩子的问题，只不过表现的形式不一样。不能把祖辈正常关爱视为溺爱，不能把仔细周到的照料当作溺爱，不能把满足孩子的一些需求全视为溺爱。恰恰是隔代人对于孩子的关爱，让孩子获得了自尊和安全感；仔细周全的照顾，让孩子能够健康平安地成长；满足孩子正常的需求，让孩子更能获得自信和成功的体验……如果一部分家长因为工作或者其他的原因做了“甩手”父母，再没有祖辈的关爱给予孩子情感上的满足，那么孩子一生会自卑、缺乏自信，长大后错失的爱也很容易让他误入歧途。

我记得“中国好文章”公众号曾推送过一篇文章，其中谈道：大冬天，生病的孙子不得不输液，爷爷怕输的液体凉，冻着孙子，硬生生站了2小时，用嘴含着输液管以温暖输液管内的液体。整整2小时，爷爷一动不动。文章感慨地说这就是“捧在手心怕摔着，含在嘴里怕化了”的现实版吧！

其实，隔代亲是一种非常正常的情感！隔代人疼爱孙辈是因为他们之间有血缘关系，它是人先天的、与生俱来的关系。这种血缘关系维系着家族生生不息、流淌不止的亲情。这种亲情将祖孙两代人连接起来、紧密相扣，由此隔代亲就这样自然而然地派生出来。这是一种很正常的、血脉相传的“亲”密关系。爱的传承是这个世界上最了不起的事，是人类种族不可分割的传承！更何况中华民族的传统文化也很注重隔代亲，从古至今不少文学作品都有描述隔代亲的美好篇章。

不可否认，这些隔代人晚年有充足的时间与孙辈们在一起，比起父母来更能观察和发现孙辈身上存在的一些问题和他们的需求，更能及时地让孩子获得安全感，满足孩子在情绪情感方面的需求；也能及时发现孩子不良行为的蛛丝马迹，纠正在萌芽中。

隔代人有着丰富的生活经验，对于孩子出现的一些疾病迹象能够及时发现、处理和精心护理。

而且隔代人为孙辈的付出是不图任何回报的。的确是这样。回想起我的父母亲先后带过的外孙子、孙子和2个外孙女，无不浸透着这种隔代亲的情感。不可否认，孙辈们今天所取得的成就与当年我父母的照看绝对有关。可是当我父母去世的时候并没有享受到隔代孙辈对他们的回报，因为他们天各一方，没有人能够在床前侍候老人。但是老人家从来没有任何抱怨，而是看着孙辈们一个个学业上和工作上的成就乐在心田。这些隔代人为了孙辈甘愿奉献自己的晚年，这种精神真的很伟大。

正如《上海教育科研》2012年4月刊登的《近十年国内外隔代教养研究综述》一文中所述：

国内的专家和学者一致认为，隔代教养主要有以下优势：祖辈家长有充裕的时间和精力、有丰富的养育经验和人生阅历、有平和宽容的心态等。这些都是隔代教养的巨大优势，如果正确运用，将对儿童的健康成长产生积极的促进作用。北京大学儿童心理研究所黄海波教授就曾指出，由祖辈带大的孩子身体素质好，在生活照料和安全保障方面要强于其他教养方式下的孩子。

祖辈家长将充分的时间和精力投入到孙辈身上，而且祖辈家长在社会实践中积累了丰富的社会阅历和人生感悟，这些正是促进儿童社会性发展和有效处理孩子教育问题的宝贵财富。

同样，对于我也是这样的：从北京来到上海15年，帮助女儿前后照顾2个外孙子，虽然很辛苦，但是疼爱外孙子的情感却日益增重。记得2018年暑假，女儿、女婿带着2个外孙子去秘鲁旅游，由于我有全国公益讲座的安排，我与老伴儿不能同行。对于女儿、女婿带孩子，我是一百个不放心，几乎天天微信询问。如果他们2天没有回信，我就惦念得睡不好觉，唯恐他们照顾不好2个孩子。天天与老伴儿念叨，直到他们回信安慰我说，秘鲁有的地方网络信号不好，让我不要惦念。

溺爱孙辈的背后也有隔代人的许多无奈、苦衷

其实，隔代人所谓的溺爱孙辈，背后也有隔代人的许多无奈和苦衷。如果是爷爷奶奶来带孙辈，就怕儿媳埋怨，更怕孩子万一有什么闪失，不好向儿媳交代。对于姥姥姥爷来带外孙，就怕女婿产生怨言。当然，岳父岳母和女婿的关系相对婆媳关系要好处理一些。我国执行计划生育政策有30年之久，如今这些有孩子的父母多是独生子女，他们自己本身就是从小在家里娇生惯养、父母依顺，得到了祖辈或者父辈的溺爱。等结婚后，开始接受对方的父母和家庭，或者因为有了孩子必须依靠老人帮助带孩子而生活在一起时，由于每个原生家庭生活习惯、经济基础、所接受的教育，以及价值观等方面的不同，确实会产生一些隔阂。如果不能理顺的话，在隔代人帮助带孩子期间，老人和子女之间必定会各自小心翼翼，甚至个别家庭两代人的关系如履薄冰。因此很多老人生怕孙辈在他们照料下出现任何闪失，自然就会事事依顺孙辈，对于孙辈的不合理要求也会无原则地满足。再加上老人的生理原因，喜欢安静少动的乖乖孙；也为了最大限度地减少意外发生，有时会忽略孩子活泼好动的天性，阻碍孩子运动技能和身体素质的提高。

还有一些隔代人是从自己生活了一辈子的老家来到陌生城市帮子女带孩子的。这些老人脱离了原本熟悉的生活环境和朋友圈，对于新环境往往

不能很快融入进去，这也造成了老人生活比较封闭、社交圈狭窄等问题，对于孩子的社会性发展以及社会交往的确不利。

不可否认，隔代抚养确实存在一些问题，甚至有的问题还比较严重。比如，一些隔代人对于孙辈过分地溺爱和迁就，这样的孩子长大后自我控制能力比较差；甚至由于照顾得过分周到，孩子的任何事情都包办代替，孙辈连基本的生活自理能力都比较差，也造成了孩子意志比较薄弱、害怕挫折，遇到困难首先就会退缩，导致半途而废。因为自小生活在隔代保护的圈子里，再加上祖辈的迁就，导致孩子处理问题能力低下，甚至养成了一些不良的行为习惯。如果隔代人的价值观出现问题，一些不良的行为和习俗也会影响孩子的成长。

总之，不能完全认为隔代人溺爱孙辈是隔代育儿的问题，需要辩证来看，不能一概认定老人对孩子的爱就是溺爱！

10

隔代育儿不是那么简单

旧有价值观
不都是错误的

很多人不太赞同隔代育儿的理由有很多，其中一个理由是老一辈人的思维方式、行为习惯或价值观等都与这个日新月异的社会有太多的隔阂。同时还认为，老人会把旧有的价值观传递给孩子，这是因为孩子一直在老人身边，耳濡目染、潜移默化地影响了孩子价值观的建立。这种说法对不对呢？不可否认，确实有一些老人的价值观、行为习惯会影响孩子，但是这些价值观和行为习惯是不是都是错误的呢？

时代和社会环境影响了老人的价值观

价值观，是代表一个人对周围事物的是非、善恶和重要性的评价，也是人用于区别好坏，分辨是非及其重要性的心理倾向体系。它反映了人对客观事物的是非极其重要的评价。一个人的价值观是从出生开始，在家庭和社会的影响下逐渐形成的。所以一个人价值观的形成，受其所处的社会生产方式及经济地位的影响，而且这些影响是具有决定性作用的。虽然每个人的价值观和价值体系会随着生活的变迁而发生变化，但是由于人们的生活和教育经历不同，因此价值观也多种多样。

对于我们这一代的老人来说，幼时生活在一个条件相对艰苦的时代，尤其是经历了“3年困难时期”，养成了我们这一代人勤俭节约、肯于吃苦的生活习惯。我在年轻时最崇尚的就是“新3年、旧3年，缝缝补补又3年”的勤俭习惯，提倡的是“一粥一饭，当思来之不易；半丝半缕，恒念物力维艰”。因此节约水电、人走灯灭，节约粮食、废物利用，常常成了我日常生活中的一种习惯。只要能利用的东西我往往都舍不得丢掉。勤俭节约是我们这一代老人保有的传统美德，也是我们处世的价值观。“怕浪费”也成了老人的口头禅。当孩子吃饭剩一口不吃时，我一般都坚持让孩子吃下去，并告诉孩子以后少盛一点儿饭。女儿却在旁边说：“妈，就是因为多吃这一口饭，才是长胖的一个主要原因。”因此，女儿告诉外孙子倒掉剩下的饭。为此，我常常对女儿说：“粮食是大自然馈赠给人类生存下来的食物，是通过农民辛辛苦苦劳动生产出来的。不能浪费粮食，而且应该怀着敬畏和感激之心。你没有经历过困难时期，那时候每个人的口粮都是定量的。为了吃饱肚子，几乎所有的主食都是采用‘双蒸法’，就是为了显得主食体积大一些，能够填满肚子。那时，我们吃的主食都要掺上野菜或者是我和同学骑车跑到很远的郊区去捡农民间苗拔下来的蔬菜和粮食苗。甚至我家院子里种的扁豆、丝瓜的叶子都是做成菜饭的好食材。”正因为经历过困难时期，让我养成了珍惜粮食和其他物品的好习惯。

至今，虽然我们的物质生活已经极大丰富了，我还是像其他老人一样，特别怕浪费。我去饭店吃饭，不管是别人请我，还是自家人去，我都会招呼大家将剩下的饭菜一律打包回家，留作下一顿吃；每次讲课住在酒店，我都会吃多少拿多少，每次一定要光盘，绝不会剩下饭菜。因为我一直感觉，浪费粮食就像犯罪一样，让我怀有罪恶感。其实，这种不浪费食物的教育会让孩子逐渐学会尊重大自然、尊重食物、珍惜社会资源，从而培养正确的价值观。

两代人价值观“大碰撞”

记得有一次我在《拜托了妈妈》电视节目中做了一期有关隔代育儿的内容。当时，我与“皇后专业户”、著名演员戴春荣一起谈论隔代育儿问题。我们两个人都是在帮助女儿带孩子，因此有很多共同的语言，当然也有一些分歧。正如节目组的文案所写：“张思莱奶奶vs皇后娘娘，两位强势姥姥育儿技能大PK！两代人在沟通时经常是，你说的老人听不懂，老人说的你又不赞成。今天我们就请来了两位实力派姥姥，一位是育儿权威、懂得‘蓝瘦香菇’的新潮姥姥张思莱；一位是皇后娘娘，崇尚自然育儿的传统姥姥戴春荣。”

戴春荣老师崇尚节俭的理念，对于女儿给孩子买合身穿的连衣裤有一些看法，认为孩子的衣服应该买大一些的，这样就可以多穿一些日子，我也深有同感。我的女儿也是这样，总给孩子买正合身的衣服。如果我给外孙子买衣服，女儿还会嫌弃我去小商品市场买廉价的衣服。因此每次总被女儿批评，之后我也懒得再给外孙子买衣服和鞋了。但是每次她给孩子买衣服回来，我还是忍不住数落女儿一顿。我的观点是孩子处于快速发育的月龄，例如1～3个月的孩子每个月身长要长3～4cm，4～6个月每个月平均要长2～3cm，6～12个月平均每个月要长2cm，到1岁孩子身长大约是76cm。像这样的生长速度，如果给孩子买正合适的衣服显然不符合节约的原则。像外孙子处于学龄前阶段的时候，我就赞同当年买的衣服大一些，第二年再穿正合适，不是挺好嘛？！买来的衣服只能穿一季，得不偿失。所以我赞同戴春荣老师的理念给孩子买衣服略大一些，可以保证多穿一些时间。

又例如，戴春荣老师提出给孩子穿的小袜子要反着穿，就是将袜子外面贴着孩子的脚，这样光滑的表面就不会有小线头缠绕孩子的脚趾了。这些生活习惯在年轻人看来不如合身、名牌的衣服打扮起孩子来好看、时尚。而在老人看来，只要穿着舒服，不要铺张浪费，能节约就节约一点儿最好。正如老北京人说的“会打扮的十七八，不会打扮的屎娃娃”，意思是说，会打扮孩子的人是在孩子十七八岁的时候才开始打扮他，不会打扮孩子的人才会打扮随时大小便的孩子。

有一次，小外孙子学校过数学日，要求孩子们当天都要穿带有数字的衣服。我翻了孩子所有的衣服都没有带数字的，怎么办？买一件新的带数字的衣服？不值当。因为当时已经是开春的季节，白玉兰花在上海街面已经竞相开放。买薄的衣服？当时孩子穿着还冷一些。买厚一些的衣服？眼看就要天热了，肯定会闲置半年，入秋再穿就会小了。于是，我决定给他现有的衣服做上个数字，不是也很好嘛？！说干就干！于是我早晨5点起床，找来以往别人送的礼品盒上的红色包装带子（这些包装带子都是我细心保存下来舍不得丢掉的，以备以后使用方便），用红色针线缝了一个“6”字，再缝到衣服袖子上，不但很好看，还有立体感。于是，我对小外孙子说：“告诉老师，姥姥为什么选择6呢，就是姥姥借吉言，希望我们六六大顺。”我把做好的数字衣服拍照发到微博和朋友圈，没想到赢得了一片喝彩。大家都说这个创意非常好，更渗透着姥姥对他的爱！更没想到的是，还获得小外孙子班主任的一再夸奖，并且还发来小外孙子穿上这件衣服用特别帅气的身姿来显示我做的数字“6”的照片，让我心里美滋滋的！

小外孙恒恒展示我做的数字衣服

价值观传承中蕴含着中华民族的优良传统

当今社会，物质生活极度丰富，节约这种美德也正从很多人身上逐步消失。许多孩子节约意识淡薄，节约习惯缺失；而老人勤俭节约的美德恰恰弥补了孩子正在丢失的这种美德。

“关爱他人，被人关爱，互相帮助”也是老人喜欢多管“闲事”、爱帮助人的一种生活态度。记得有一次，我带着外孙子从公园回来，从一个没有人看守的侧门进入小区。外孙子跑得快，我远远地落在后面。我们前面一个年轻人拿着钥匙打开门后，自顾自走了。大门回弹差点儿撞到紧跟其后的小外孙子。跟在后面的一位老人及时伸手扶住门，让外孙子进来。我赶紧对这位老人说："谢谢您啦！"就这件事我对小外孙子说："记住，你开门时，如果看到后面有要进门的人，一定要扶着大门，等别人进来后再松手！如果看到别人扶着门让你进来，一定要说声谢谢！刚才那位老奶奶是不是做得很好呀？如果老奶奶没有及时扶住门的话，不就撞到你了？不要学习刚才那位叔叔的做法！不过，也有可能那位叔叔急着办事，没有注意到后面跟着你。"正如孟子所说的："君子所以异于人者，以其存心也。君子以仁存心，以礼存心。仁者爱人，有礼者敬人。爱人者，人恒爱之；敬人者，人恒敬之。"这就是我们中华民族优良的传统美德，也是一种待人的价值观，让我们的孩子通过这件事情接受一次传统美德教育，不是很好吗？！

老年人的价值观与青年人究竟有多大的差别呢？这需要具体问题具体分析。北京大学心理系胡军生、肖健、刘萃侠、耿晓峰等人在《中国老年学杂志》刊登了一篇名为《老年人与青年人价值观的比较研究》的论文，其中认为："老年人比青年人更重视传统价值观和基本价值观，青年人比老年人更重视现代价值观；但是项目比较发现，无论是老年人还是青年人对绝大部分的价值观项目都是持一种重视的积极态度，而且两组人重视程度的差异也很小。结论：老年人与青年人之间的相似性多于相异性，两代之间应该求同存异，以促进代与代之间的交往。"

因此，老人的一些价值观也正是中华民族优良传统的传承，不能说老人的价值观都是错误的。

11

我的隔代育儿生活

隔代育儿不是那么简单

破除隔代人的错误习俗，希望隔代人不做旧习俗的卫道士

不可否认，确实有一些老人存在倚老卖老、顽固地坚守旧的育儿观念以及错误的价值观的现象，对于年轻人的教育方式常常以“你们就是我这样养大的，不也很好嘛”来应对。

我在前文“我的话”中曾引用俄国批判现实主义作家屠格涅夫的话：“人进入老龄，对自己的人生经验就开始了坚信不疑的旅途。无论此路是畅通无阻还是障碍横亘，他不会追悔自己的每一个足迹，而且还要无怨无悔地走下去。”为写这本书，我在我的微信公众号“张思莱医师”上，征集各地老人坚持的育儿旧习俗。同时在微博上也有不少年轻人给我发来回馈，很多人都谈到家里的一些老人正如屠格涅夫所说的那样坚守着旧有习俗。他们问我：“这些习俗是否科学？应该不应该坚持？”

为此，我通过我的微信公众号平台以及我写的育儿书籍也一一做出过回答。这里我再就一些旧的习俗给大家分析一下，希望能够改变一些老人

的错误理念，与儿女一起科学育儿，不做旧习俗的卫道士。

中华人民共和国已经成立了70多年，现在的老人基本上也是在新中国成立时期开始上学或者出生的。可以说，基本上是在五星红旗下度过了自己绝大部分人生，为什么有些老人还会坚守一些错误的习俗呢？《新闻周刊》（现《中国新闻周刊》）曾对中国科学院心理学研究所博士生导师王极盛进行采访，他认为：做家长的，特别是隔代家长们的素质远远落后于时代发展和孩子成长的要求。他曾在数万人中间做过一项调查，结果表明95%以上的家长没有学习过如何教育子女这门学问，其中，隔代家长的比例接近100%。祖辈知识面的不足，也会导致儿童在家庭中得不到较好的教育。许多祖辈凭借旧思想和过时的经验来教养孩子，坚守愚昧过时的旧习俗，与科学育儿的先进知识格格不入。在此，我真诚地呼吁我的同龄人能够改变自己旧有的一些错误想法，在育儿问题上多学习一些先进的科学知识，共同做好科学育儿的宣传工作。

下面是我通过“张思莱医师”微信公众号平台向家长们征询到的各地隔代人育儿的一些陋习，希望我们这些隔代人认真学习，要做一个与时俱进的科学育儿老人。

明矾擦身

Q 一位妈妈问我：“我们这边有个习俗，即月子里一定要给宝宝用明矾擦身体，说这样可以让宝宝的皮肤长得老一些。我一直反对。所以现在宝宝皮肤的皱褶处有一点儿红，家里老人就说是我没有给宝宝用明矾的缘故。我想问，用明矾擦身体这种做法到底有没有科学依据？”

A 确实有的地方有这种习俗，说月子里一定要给宝宝用明矾擦身体，认为这样做可以让宝宝的皮肤长得老一些。

明矾，也叫白矾，其化学成分为十二水硫酸铝钾，含有铝离子，具有较强的收敛作用。以前常常被用来做传统的食品改良剂和膨松剂，例如做油条、粉丝、米粉等食品的添加剂（必须注明，现在加工这些食品已经不允许使用明矾了）。

新生儿皮肤娇嫩且表皮角质层薄，皮肤屏障发育不成熟，通透性大，皮下血管丰富，防御能力差，使用明矾为其擦身，很容易经过皮肤被新生儿吸收。明矾一旦被吸收后，基本不能排出体外，会永远沉积在人体内，如大脑、肾、肝、脾等器官都可能产生蓄积，引起慢性毒副作用。用明矾擦身体不但会影响人体对铁、钙等成分的吸收，还会导致骨质疏松、贫血，尤其是影响神经细胞的发育。因为明矾可以杀死脑细胞，使人提前出现脑萎缩、痴呆等症状，导致记忆力减退，影响人的智力发育。

所以，新生儿用明矾擦身的习俗是十分错误的。

挤 奶 头

Q 有一些地方在女孩子出生后要给孩子挤奶头，其理由是防止以后奶头内陷，成为母亲后不能让孩子有效地含接乳头进行母乳喂养。这样做有科学依据吗？

A 个别的新生儿在出生后7～10天会出现一些看似异常、实际正常的现象，如乳腺肿得像黄豆、蚕豆，甚至胡桃那么大，有的还可以见到乳头分泌出白色的液体。这是由于母体中的雌激素通过胎盘进入胎儿体内，对胎儿产生影响，出生后孩子体内仍有一部分雌激素残留所致。虽然这是新生儿的一种特殊情况，但也是新生儿的正常现象，只不过不是每个孩子都会表现出来而已。当脐带被剪断的时候，婴儿体内很快会建立起“下丘脑—垂体—性腺”的轴系——这是调节机体内分泌的重要轴系之一。宝宝出生的时候，这个轴系还不太稳定，体内的这些激素就会升高（即微小青春期），此时女孩的雌激素可能会明显地升高，而出现类似进入青春期的一些现象。女孩发生这种情况的时间一般在1岁以内，个别可能持续到2岁。过了这段时期之后，她们的激素分泌水平逐渐平稳而正常。在临床上，经常会见到1岁内的孩子乳房变大，并内有乳核，但随着生长发育会逐渐恢复正常。

有的地方有挤奶头的习惯，这是一个非常不好的陋习。给新生儿挤奶头很容易引起细菌感染。这是因为新生儿从母体脱离，来到这个大千世界，要面对各种病原体的威胁；而新生儿对多种疾病的特异性免疫主要是通过母体获得，他们自身的特异性免疫反应还很不活跃。但有的抗体并不能够通过胎盘给予孩子，因此新生儿体内的非特异免疫还不成熟和完善，抑菌、杀菌能力很低。所以，在成人看来某些微不足道的感染，对于抵抗力相当弱的新生儿来说却是“灭顶之灾”。

更何况乳头内陷也不是母乳喂养不成功的原因，之所以这样的妈妈母乳喂养不成功，是因为孩子吃奶时只是含接了乳头，而不是正确地去含接大部分乳晕。掌握婴儿正确含接乳房的方法，乳头内陷的妈妈一样可以母乳喂养成功。

因此，需要我们仔细、科学地呵护女婴的乳房，千万不要给孩子挤奶头。

擦 马 牙

Q 有的地方有用布擦马牙或者用针挑破马牙的习惯，这样做对吗？

A 新生儿出生后可在口腔上腭中线两侧和牙龈边缘出现一些黄白色的小点，很像是长出来的牙齿，俗称“马牙”，医学上叫作上皮珠。它是牙齿在胎儿阶段发育过程中牙板的上皮细胞堆积而成；或为黏液包囊的黄白色小颗粒，即角化的上皮珠。

有的地方有用布擦马牙或者用针挑破马牙的习惯。新生儿口腔黏膜很娇嫩，黏膜下血管丰富，且新生儿免疫功能低下。如果用针挑破或用布擦掉马牙以后，造成黏膜损伤，导致细菌从破损处侵入引起感染，严重者感染扩散进入血液循环中，可以引起新生儿败血症。

挑破螳螂嘴

Q 有的地方有挑破螳螂嘴的习俗，这样做对吗？

A 新生儿出生后在两颊部各有一个隆起的脂肪垫，俗称“螳螂嘴”。螳螂嘴主要是为了利于孩子出生后吸吮乳汁。但是，有的地方有挑破螳螂嘴的习俗。与擦马牙一样，挑破螳螂嘴也会造成孩子感染而引起严重的疾病。我在农村县医院工作的时候，就接触过一个新生儿被家长用灶膛灰擦马牙和螳螂嘴而引发败血症导致死亡的病例。

剃胎毛、眉毛、睫毛

Q 有些地方在孩子满月后有剃胎毛、眉毛、睫毛的习俗，美其名曰让孩子以后的头发、眉毛和睫毛长得浓密漂亮。这样做有科学依据吗？

A 这个习俗既不科学，也容易对宝宝的皮肤产生伤害，不利于健康。因为人体各个器官和组织的存在和生长是完全根据人体生理需要，非常科学和巧妙地安排好的。人的头发、眉毛和睫毛多少、是否浓密，其遗传基因已经决定了。新生儿的头发有着显著的个体差异，有的孩子出生时几乎没有头发，有的孩子出生时头发相当浓密；但是这时孩子的头发多少和颜色并不能决定长大后头发的特点。大多数孩子的毛囊在1岁以后才开始迅速活跃起来，2～3岁后头发会自然浓密起来，毛发也会逐渐变黑。但是头发的浓密程度、头发的多少以及颜色如何，与遗传、营养、健康状况和头发的养护等诸多因素有关。

小婴儿的皮肤娇嫩，比成人薄，大约厚1mm，成人皮肤大部分厚2mm；而且小婴儿表皮的角质层、透明层、颗粒层均很薄，发育不完善，皮下血管丰富。因为防御功能差、对外界刺激抵抗力差，所以很容易因剃毛发受到伤害，而且易于感染。一旦感染不容易控制，并且容易造成感染后迅速扩散。

眉毛和睫毛是保护眼睛的两道防线，可以阻挡异物进入眼睛。睫毛还可阻挡灰尘、飞虫进入眼睛。当强烈的光线照射时，睫毛可以像帘子一样挡住强光，避免强光对眼睛的刺激。如果剃去眉毛和睫毛，就等于去掉了保护眼睛的防线。另外，剃掉睫毛容易损伤眼睑边缘而发生细菌感染。小婴儿3～5岁时，他们的眉毛和睫毛长度几乎与成人相等，所以家长根本不用担心眉毛和睫毛长不好。

去胎毒或开口茶

Q 一些地方在孩子出生后给孩子吃的第一口食物不是妈妈的初乳，而是黄连水，美其名曰“去胎毒”。这样做有科学依据吗？

A 无论是中医还是西医，都没有胎毒这种理论。一般所谓“去胎毒”的中药多是苦寒成分。有的地方给孩子喝开口茶，使用的是黄连水；也有的地方先给孩子喝黄连水，后给孩子喝甘草水，美其名曰“先苦后甜”。意思是先用黄连水清理小儿胃肠消化道的异物，再用甘草水泻新生儿的胎毒、胎火，以利小儿后天生长。有的地方甚至给宝宝服用辰砂、钩藤、珍珠粉、雄黄和腊梅花等。殊不知，这些中药对孩子的脾胃都会产生严重的伤害，可以引起孩子肝肾功能的重度损伤。对于个别孩子，例如患有先天性蚕豆病［即遗传性葡萄糖-6-磷酸脱氢酶（G6PD）缺乏症，是最常见的一种遗传性酶缺乏病，多发于两广、四川等长江以南地区。由于目前结婚登记取消了婚前检查，蚕豆病发病率有所增高］，家长给孩子喂食腊梅花或者珍珠粉等会诱发孩子的黄疸，加重病情。

网上就有一个例子：刚出生的宝宝面色发红，且一直哭闹不止，脸上和身上还长了一些小红疹（其实是痱子刺激孩子哭闹不止）。产妇的婆婆扒开孩子的嘴巴，看了看舌苔，说："有口臭，舌苔还很厚，这肯定是胎毒造成的。黄连水清热解毒。我们那边的小孩一般出生后都要喝点儿黄连水清胎毒。"婆婆便自作主张，给孩子喂了一些黄连水。但喝了黄连水的宝宝并未停止哭闹，而且越哭越凶，不仅把奶都吐了，吐出来的液体似乎还带着血。经过医院相关检查，发现孩子是胃出血。刚出生的孩子脾胃太过娇嫩，而黄连水是苦寒之药，刺激性太大，所以才导致了孩子胃出血。

还有的地方给刚出生的孩子喝的开口茶是用六神丸做的。将一粒六神丸放入少许白开水中，研碎后给新生儿喂进去，其目的是为了以后少生脓疮和痱子。美好的愿望往往是坑害孩子的一剂毒药。六神丸是由数种中药制成的，其中蟾酥是一味毒性很强的中药。它是由蟾蜍的耳后腺及皮肤腺中分泌的白色浆液提取出来，经加工干燥制成的固体物。中药六神丸具有强心、收缩冠状动脉、升高血压、抗炎及抑制血管通透性的作用，主要与其所含的蟾酥有关。因为蟾酥含蟾毒内酯，服用过量可引起呼吸系统、消化系统和神经系统中毒症状，表现为呕吐、呼吸急促、肌肉痉挛、惊厥、心律不齐等。这些症状对于发育不成熟的新生儿来说具有致命的伤害。

刚出生的新生儿胃很小，觅食和吸吮反射特别强烈。孩子出生后应该尽早吃初乳，初乳的蛋白质含量高，并且含有丰富的免疫活性物质，对婴儿预防感染及初级免疫系统建立十分重要。初乳含有的微量元素和长链多不饱和脂肪酸等营养素比成熟乳高很多。同时，初乳还有通便作用，可以清理新生儿的肠道和胎便。如果这个时间不给孩子吃初乳，反而给孩子灌了一大堆黄连水等有毒的中药汤，既不利于母乳喂养成功，也让孩子失去了获得人生第一次免疫的机会，还会引起孩子严重的肝肾或者脾胃的损伤。

《中国居民膳食指南（2016）》特别强调："婴儿出生后的第一口食物应该是母乳，有利于预防婴儿过敏，并减轻新生儿黄疸、体重下降和低血糖的发生。分娩后尽早开始让婴儿反复吸吮乳头。"因为婴儿出生时体内具有一定的能量储备和血糖的维持能力，尤其是体内较为丰富的快速供给能量的棕色脂肪，可以满足至少3天的代谢需要。因此，生后体重下降只要不超过出生体重的7%，就应坚持纯母乳喂养。

掏 蛋 吃

Q 男孩出生后，一些家长喜欢揉摸男孩的阴囊和阴茎，美其名曰"掏蛋吃"。有时候，大人还让孩子自己去摸"小蛋蛋"做出给大人吃的姿势来，逐渐孩子会模仿大人玩自己的"小鸡鸡"或者给别人掏出"小鸡鸡"看。这样做有哪些危害？

A 这样做的结果很容易造成孩子外生殖器的伤害以及尿路感染，同时这种庸俗的做法对孩子来说是一种不良的性教育。孩子的生殖器是他的隐私。孩子虽然年龄小，但是在人格上是与我们平等的，因此作为大人应该尊重孩子的隐私，同时也要告诉孩子"小鸡鸡"坚决不允许别人触摸，即使是最熟悉的人（爸爸妈妈除外）。

这种行为对于孩子将来性的发育也有极大的影响。说得严重一点，这种做法也是一种性侵犯、猥亵的行为，是触犯刑法的行为。

百日开荤

Q 不少地区有给孩子百日开荤的习俗，这种习俗有科学依据吗？

A 据网上介绍：“开荤是我国的传统习俗。它作为小孩满百天时举行的一种仪式，是指宝宝在开荤后即可进食荤食，民间也流传宝宝开荤后预示着宝宝在今后的日子里吃穿不愁、富贵吉祥。”也有的地方存在百日时给孩子喝羊肉汤涮肠子的习俗，俗称“膻肠子”，认为这样做孩子以后就不会挑食了。

不管是开荤还是喂羊肉汤，都是在给孩子添加辅食。世界卫生组织建议，应在婴儿满6个月时再添加辅食。这是因为肠黏膜屏障，包括它的物理性保护机制（胃酸、黏液、蛋白水解酶、肠蠕动和黏膜表皮）以及肠淋巴组织、分泌性免疫球蛋白A、细胞免疫的免疫性保护机制，要到婴儿6个月时才能发育完善。因此，在出生后的头几个月中，婴儿肠道的通透性较大，一直持续到婴儿3～4个月时。而且消化酶系统发育不成熟，会造成进入体内的蛋白质未充分分解即吸收入血，引起胃肠道过敏反应。小婴儿又缺乏分布于肠黏膜表面的保护性抗体——分泌性免疫球蛋白A，缺乏此类抗体可使肠道细菌在黏膜表面造成炎症，这样便加速了肠黏膜对异种蛋白吸收，诱发胃肠道过敏反应。同时，再伴以较大的肠道通透性，使得婴儿容易发生过敏。一小口食物中的抗原量可能是母乳中同种抗原的1000倍。因此，根据世界卫生组织的建议，婴儿6个月以后再添加辅食，尤其对于有过敏倾向家族史的孩子更为重要。

孩子在1岁之后，自我意识开始发展，在品尝了各种食物的原汁原味后，也会有自己的饮食爱好。而坚持自己对食物的偏好，会产生挑食或者偏食的行为，所以早期开荤或者喝羊肉汤涮肠子也解决不了孩子挑食的问题。

世界卫生组织和联合国儿童基金会在2002年制订的一份“婴幼儿喂养全球战略”中指明：从完全母乳喂养过渡到补充喂养（包括继续母乳喂养），通常涵盖年龄从6个月到18～24个月。这对婴儿来说是一个非常脆弱的时期，许多儿童因为辅食添加不当而营养不良。2007年，原卫生部发布的《婴幼儿喂养策略》中也明确指出：“婴幼儿营养不良的发生与不科学的喂养方式有着密切的关系。研究表明，我国儿童出生体重及6个月内体重的增长与发达国家儿童相比无明显差异，而6个月后差距逐渐增加，其主要原因是由于家长缺乏科学喂养知识，使许多婴儿在6个月后不能及时合理地添加辅助食品，影响婴儿生长发育。特别是在农村，添加辅食的时间、辅食的营养成分等方面都难以做到及时、合理、安全和符合营养要求。”

所以，我们说“百日开荤”绝对是错误的。

蜡烛包、腊肠包

Q 一些人喜欢将新生儿的下肢伸直包裹成蜡烛包、腊肠包的样子，这种做法对吗？

A　新生儿出生时髋关节发育是比较特殊的。大多数专家认为，胎儿受母体产前激素的影响，其全身的关节和韧带比较松弛，尤其是髋关节。由于胎儿体位的原因，在子宫内髋关节处于过度伸展和内收伸膝的臀位时易造成髋关节的髋臼发育较差，髋臼顶倾斜度增加并向前旋转，髋臼边缘浅、呈平状。股骨头后上方稍扁平，使得股骨头不能很好地落在髋臼里；再加上关节囊比较松弛，使得髋关节发育不良，甚至出现脱位或者半脱位状态。某些不良的抚养习惯，例如一些人喜欢将孩子的下肢伸直包裹成腊肠包的样子，以及随着孩子生长，过早行走造成下肢担负全身重量等，都会导致上述问题。尤其是腊肠包，由于新生儿关节囊比较松弛，使其髋关节固定于伸展、内收位，容易造成股骨头从髋臼内脱出，从而发生髋关节半脱位或完全脱位。特别是冬季，小婴儿穿衣服较多时更易发生。

鉴于小婴儿髋关节发育的这种情况，专家们认为必须摈弃使用“蜡烛包”“腊肠包”方式包裹婴儿或者捆绑孩子的下肢。解放孩子的四肢，避免人为地造成髋关节脱位或者半脱位。

早期使用大量的尿布，使髋部在自然的轻度髋关节屈曲位下外展复位，使得股骨头很好地落在髋臼里，可以促使髋关节在出生后更好地发育，避免发生因髋关节发育不良导致的髋关节半脱位或者完全脱位。

而且对于小婴儿而言，出生后给予感官、四肢运动和触觉、知觉的刺激都是必要的早期教育，可以让孩子的四肢运动从不随意到随意，从动作不准确到动作更加准确。如果捆绑住孩子的四肢就失去了这种早期教育的机会，作为家长是不是觉得太对不住孩子了？！

月 子 酒

Q 产妇坐月子需要吃“月子酒”，这是很多地方的习俗，尤以华南和客家人多见。这种做法有科学依据吗？

A 我在网络上搜索“月子酒”，发现几乎所有的文章都是在谈食用月子酒的好处，认为月子酒香醇可口，富含多种维生素，能刺激消化液分泌、增进食欲、有助于消化、更易于人体吸收等。人们认为产妇身体虚弱，吃了月子酒可以补气养血，还有提神解乏、解渴消暑、促进血液循环、润肤的功效。因此，很多产妇往往在米酒中打入荷包蛋、红糖，将其作为三餐饮食的首选。

月子酒，有的地方是用糯米或者上好的稻米加上酒酿发酵而成的米酒，有的地方使用的是糯米酿制的黄酒。既然称之为“酒”，其中必然含有酒精。月子酒的酒精含量为5%～20%不等，所以月子酒就是酒精饮料，吃月子酒相当于饮酒。《中国居民膳食指南（2016）》在“哺乳期妇女膳食指南”一节中明确建议：哺乳期乳母忌酒。这是因为乳母饮酒会危害婴儿健康。酒类或者食物中的酒精，摄入后30～90分钟在血液和乳汁中达到高峰，其乳汁中的酒精浓度和乳母血液中的酒精浓度一致。人体清除酒精通常需要2～3小时。由于宝宝肝肾发育不成熟，一旦他通过乳汁摄入了酒精，清除酒精所花费的时间为成人的2倍。酒精刺激会导致宝宝出现睡眠规律紊乱、异常兴奋或者躁动等问题，也会造成孩子生长发育滞后。如果乳母大量饮酒，会导致孩子过度镇静、体液潴留和体内激素水平失衡，严重者还可以导致婴幼儿血小板减少症和出血倾向。更何况，对于产妇来说，酒精饮品不但会延缓伤口愈合，还会抑制催产素的分泌，从而导致泌乳反射（射乳反射）推迟、奶水流出减少。

网络上有的妈妈说：“经过煮沸的月子酒中的酒精基本上挥发完了。”其实错矣！月子酒即使煮沸，也不能将酒精完全挥发，同样对宝宝是不安全的。哪怕煮沸2小时，还会有10%的酒精存在。更何况所有煮月子酒的人都不可能将月子酒煮沸3小时以上，煮沸3小时以上的月子酒其香醇口味也就消失得干干净净了。

所以，哺乳期的女性应该在“中国居民膳食指南10原则”的基础上增加鱼、禽、蛋、瘦肉及海产品的摄入；适当增加奶类，多喝汤水；食品多样，不过量；忌烟酒、避免喝浓茶或咖啡；科学活动和锻炼，保持健康体重。

中国居民膳食指南10原则

1.食物多样，谷类为主，粗细搭配
2.多吃蔬菜水果和薯类
3.每天吃奶类、大豆或其制品
4.常吃适量的鱼、禽、蛋和瘦肉
5.减少烹调油用量，吃清淡少盐膳食
6.食不过量，天天运动，保持健康体重
7.三餐分配要合理，零食要适当
8.每天足量饮水，合理选择饮料
9.如饮酒应限量
10.吃新鲜、卫生的食物

喂食凉茶祛火

Q 有些孩子胃口欠佳、眼屎多，或者便秘、口气酸臭，家长就认为是“上火”了。目前，很多商家抓住了家长这种心理，瞅准商机，大肆推销自己的产品是“败火”的或是“吃了不上火的奶粉”等。一些老人对此深信不疑，一些妈妈也被误导，于是慷慨地打开自己的钱包买来给孩子食用。孩子成了“败火”的实验品，乐坏了商家，苦了孩子。家长应如何避免走入“败火”误区？

A “上火”是民间的一个通俗说法。孩子胃口欠佳、眼屎多或者便秘、口气酸臭，家长就认为是“上火”了，但是中医是不会这样简单地下结论的。中医的专业知识认为，人体是一个有机整体，不能仅凭个别症状就认为孩子是有“火”。“火”是六淫之一，其症状主要表现为：高热、多汗、面红耳赤、唇焦、喜食冷饮、大便秘结、小便短赤、舌质红、舌苔黄腻。即使有“火”，也要通过脏腑辨证分清是“心火”“胃火”“肺火”，还是“肝火”，以及更加具体地分清是“实火”还是“虚火”。这样才是准确的诊治。

遇到这种情况，不少家长不去医院看病，而是认为孩子“上火”或者“热气”大。如果孩子吃的是母乳，就认为是妈妈吃了“上火”的食品导致孩子眼屎多；如果孩子是人工喂养的，就将“上火”的罪名归结到配方奶上。于是，开始大量地给孩子或妈妈吃清热泻火的药或喝凉茶，马上停掉正吃的配方奶粉，转换为其他品牌奶粉。经过以上的处理，孩子的症状不但没有缓解，眼屎反而一天比一天多，甚至发展为脓性分泌物。

链接

造成宝宝眼屎多的3个主要原因

1.先天性的鼻泪管堵塞：鼻泪管在鼻腔的下端出口被上皮细胞残渣或鼻泪管黏膜闭塞；或者因管道发育不全而形成褶皱、瓣膜或黏膜憩室，使得泪液和泪道内的分泌物稽留在泪囊而引起泪囊炎。

2.急性泪囊炎：由于不卫生的护理造成细菌入侵到泪囊，并且不断在泪囊中繁殖、化脓，以致脓液充满整个泪囊无法排泄，于是沿着泪囊、泪小管从眼睛排出。

3.感染性结膜炎：因为眼结膜含有丰富的神经血管，对各种刺激反应敏感；又因为与外界直接接触，易受感染。细菌、病毒、衣原体、真菌等都是引起感染性结膜炎的病原体。感染的途径主要是产程中被患病母亲产道感染，如母亲患有沙眼衣原体和淋病奈瑟菌的感染引起。分娩时宝宝经产道感染，生后1～2周出现眼睑红肿、大量脓性分泌物的症状。建议口服或静脉给予抗生素治疗。淋病奈瑟菌感染引起的结膜炎有可能会进展为角膜溃疡、失明。在护理过程中由于不注意消毒隔离，通过洗脸用具、毛巾以及看护人的手也会接触感染。

清热泻火的药物或凉茶中所含的多是寒凉的药物，脾胃虚寒的人喝了，不仅不会消火，而且很容易伤及乳母或婴幼儿的脾胃，导致脾胃功能失调、便秘或者腹泻，破坏肠道的菌群平衡。而且依照中医理论，乱用寒凉药物还有可能伤害婴幼儿的阳气。虽然孩子当时可能无明显的不适，但长期服用势必对身体造成损害。有的妈妈偏听偏信，频繁地调换奶粉，会导致孩子胃肠不适应、消化功能出现紊乱而腹泻不止。一些妈妈还糊里糊涂地认为：这是泻火呢！直到孩子日渐消瘦才去医院看病。

家长如果发现孩子眼屎增多，千万不要认为是“上火”而自行处理，一定要去医院确诊治疗，以免贻误病情。如果长期得不到正确的治疗，很可能发展成慢性泪囊炎或者并发角膜感染，对孩子的眼睛发育造成严重的影响。

开 裆 裤

Q 婴幼儿需要穿开裆裤吗？

A 我国旧有的一些传统习惯认为婴幼儿需要穿开裆裤，因此在我国童装市场上开裆裤几乎占领了小婴儿衣裤市场的一半以上，要想给孩子买合裆裤却需要好一阵寻找。一些老人很喜欢给婴幼儿穿开裆裤，认为这样护理方便，可以方便地把大小便或者随地便溺，不至于弄脏裤子，减轻大人负担。一些老人还在众人面前给孩子把屎把尿，甚至女孩也是如此，任其外生殖器裸露在大庭广众之下。

其实，这是一个很不好的恶习，弊病多多。

婴幼儿穿着开裆裤，整个小屁股裸露在外面，孩子经常在地上活动，很容易受凉引起感冒或腹痛、腹泻。尤其是随着孩子大运动能力的不断发展，随时坐、随时爬，外生殖器都暴露在外面，一些不洁之物，如泥土、虫卵和一些肉眼看不见的细菌很容易进入尿道口，造成尿路感染，甚至感染上行引起肾脏的病变。对于女孩来说，这样做危害更大。因为女孩阴道和尿道都开口在外阴，更容易引起尿路和阴道的感染，而且孩子小屁股的皮肤直接接触外界，很容易引起外伤，甚至造成外生殖器的损伤。

从尊重孩子的隐私和自尊心考虑，也不应该给孩子穿开裆裤。首先，孩子是一个独立的人，他与大人一样有尊严，与家长是平等的关系。家长仅仅为了图省事，而毫不顾忌孩子的尊严，毫不顾忌孩子的羞耻，这样做是不尊重孩子，同时也是不尊重他人，包括家长自己。其次，家长应该帮助孩子保护自己的隐私，维护他的自尊心。家长要从小教育孩子不要在外人面前暴露自己的身体，凡是背心和内裤遮挡的部位都是不能让别人看的。这也是一种性教育。最后，穿开裆裤还可能养成孩子本人或者他人从无意识到有意识玩弄外生殖器的不良习惯，养成这种癖好，对孩子以后的性心理发展可能造成不良的后果。

穿开裆裤还容易养成孩子随地大小便的不良习惯，既破坏了公共卫生、有碍观瞻，又让孩子建立了不文明的行为准则。这种根深蒂固的认识会影响他一辈子的行为。

因此，建议孩子从出生开始就要穿合裆裤。为了防止尿裤子，可以使用纸尿裤或者尿布，无非大人费一些事。更何况市面上也有侧偏扣的合裆裤，换起尿布来很是方便。从孩子长远发展考虑，家长现在受一些累算得了什么?！更何况孩子只要学会坐，家长也需要逐步引导他学会坐便盆了。随着孩子生长发育，控制大小便的能力也会逐渐加强，没有必要给孩子穿开裆裤。

叫魂

Q 有一些地方流传着“叫魂”的习俗。当一些婴幼儿出现晚上哭闹不止、安慰不了的现象，或者夜间睡眠的过程中突然惊醒哭闹不止，不能安抚的时候，一些老人就认为孩子是被吓着失魂了，应该去“叫魂”。于是，就有人在夜深人静时，去旷野或者人烟稀少的地方叫：“回来吧！回来吧！”要把孩子的“魂”叫回来。遇到这些情况，父母应该怎么做？

A 记得我小的时候，经常看到北京的一些交通要道的大树上贴着各种颜色的纸条，上面多是写着：“天皇皇，地皇皇，我家有个夜哭郎。过路君子念三遍，一觉睡到大天亮。”那时候，不懂事的我还真的念了三遍，希望能够帮助这些晚上哭闹、睡眠不安的孩子。现在回想起来觉得那时的自己幼稚可笑。可是我一搜网络上有关“叫魂”的信息，没想到还真有人大谈“叫魂”的好处，教如何给孩子“叫魂”，以及介绍各种叫魂的方法！

一些缺乏生活和养育孩子经验的年轻妈妈，当孩子出现入睡困难、睡眠不安或者惊醒哭闹而束手无策的时候，隔代人常常会提出要去“叫魂”。虽然年轻的家长感到这种做法毫无道理，但是因为尊重长辈也不好意思反驳。其实，孩子夜间哭闹应该找出其哭闹的原因，然后根据不同的情况给予解决，而不是“叫魂”。

链接

不同月龄段孩子的睡眠特点

1.对于出生3个月内的孩子

因为胎儿在妈妈的子宫内处于黑暗的环境中，且四肢蜷缩，大部分的时间都是在睡觉，没有形成正常的生物钟规律。因此出生后面对与子宫内完全不一样的各种外界刺激（对光、声音的感知觉，以及味觉、嗅觉等），加之四肢伸展开，孩子会有不安全感，常常表现出昼夜颠倒。往往白天睡得很好。但是孩子的睡眠相当脆弱，且活动性睡眠每天大约为8～9小时，而且容易受周围环境的干扰，在夜间开始哭闹或玩耍，与成人的作息时间截然相反，睡眠缺乏规律。成人往往因为不理解3个月内孩子的这种生理发育的正常现象，而感到困惑或失去耐性。因此，家长首先要了解这个月龄段孩子的睡眠特点，帮助孩子分辨昼夜，逐渐建立正常的生物钟规律。

孩子出生后，家长应该尽量在白天多和孩子说话、玩耍，而且这个时候也是早教的好时机。让孩子通过视觉更多观察世界上美好的事物，将这些信息储存在大脑中；通过听觉更多地获得语言、音乐和各种可以发出美妙声音的信息；同时通过嗅觉、味觉、触觉获得各种相关信息的刺激。当发现孩子刚刚可能还玩得很高兴，一会儿就表现出烦躁或嘀嘀咕咕、失去注意力或不再配合家长的活动，紧握拳头、揉眼睛或打哈欠，就表示孩子已经疲惫了，家长就应该及时回应，这会让宝宝提升安全感，并在一段时间内减少哭泣的次数。

建议家长们选择在孩子犯困，但未睡着的情况下将其放入小床，帮助孩子学会自己入睡。同时，在晚上开始实施入睡前的一套固定模式：

- 睡前1小时一定要让孩子吃饱。
- 睡前给孩子洗个温水澡，换上干爽的纸尿裤。
- 建立舒适的睡眠环境：温度适中（20℃～25℃），相对湿度60%～70%，注意保持室内空气新鲜，卧室安静，调暗屋内的灯光，每天固定播放同一首柔和的安眠曲，减少外界的刺激。
- 睡眠时给予适量的棉织品衣服和被子，让孩子感到温暖而不过热；小婴儿最好用睡袋包裹（但禁止捆成“蜡烛包”），使得孩子有安全感。
- 争取在9点前让孩子入睡。但是需要注意不要让孩子吃着奶睡觉，这样孩子就会形成将吃奶和睡觉联系起来的条件反射，以后孩子就养成了奶睡的习惯。

妈妈在孩子2～3个月的时候每天坚持这个固定模式，孩子一般经过2～3周的训练就会养成按时独立入睡的习惯。当然，一定要同屋不同床，孩子睡在自己的小床上。需要提醒家长注意的是，年龄越小的孩子建立这种条件反射需要的时间越长，家长要有耐心。尤其是先天气质属于困难型的孩子，父母要付出更多的耐心。如果家长采取了抱着、摇着、吃奶哄睡的模式，时间长了养成的就是必须抱着、摇着或者吃着奶才能入睡的习惯，以后再想纠正就十分困难。

另外，还有一个原因就是这个阶段的小婴儿常常会发生肠绞痛。肠绞痛多发生在晚上，使得孩子哭闹不止、不得安抚，家长也十分烦恼和狼狈。最常见于孩子出生后2～4周的时候，一般生后6周达到高峰，可以哭闹达到3小时；到3～4个月的时候发作时间有所缩短、逐渐缓解。有的孩子发作时还会有腹部胀气。有的时候看着孩子的小嘴似乎在寻找妈妈的乳头，表现出十分饥饿的样子，给他吃奶，他却拒绝，就要怀疑是否有肠绞痛。肠绞痛发生的原因不是特别清楚，一部分专家认为是孩子的神经系统发育不成熟，对刺激过度敏感所致；也有可能是（母乳喂养儿）对妈妈吃的食物敏感，或者吃配方奶对牛奶蛋白过敏所致；或者确实为疾病所致。

因此建议家长这样处理：

● 对于母乳喂养儿，母亲避免进食一些有刺激性的食物，如咖啡、茶、洋葱、卷心菜等；如果是人工喂养儿，也要注意是不是对牛奶蛋白过敏，建议改换水解蛋白奶粉尝试喂养。如果这样处理后肠绞痛有所缓解，说明以上的判断正确，乳母就要注意不要吃容易引起孩子过敏的食物，人工喂养儿就要喂水解蛋白奶粉。

● 不要让孩子吃得过饱、过凉或者吃进气体过多，否则会激惹肠道，引起肠绞痛。

● 一旦发生肠绞痛，家长可以抱起孩子，搂住或轻轻摇动孩子，四处走动可以缓解肠绞痛。也可以顺时针按摩孩子腹部或者用温毛巾热敷腹部达到缓解目的。亦可以让孩子俯卧在大人的膝部，家长轻轻按摩孩子背部也有助于缓解肠绞痛。

● 如果孩子哭闹不止，同时伴有呕吐、面色不好、腹部比较紧张、有肠形或者摸着有包块、长时间不解大便或者大便呈果酱样，就要及时去医院就诊，以免贻误病情。

2.对于稍微大一点儿的孩子

因为生活环境的改变，如频繁更换照顾者、生病住院、生活规律发生改变、白天过度兴奋，或者受到一些刺激（可能这些刺激对大人来说比较平常，但是对于孩子来说却很强烈，如突然的噪声、突然的体位改变、处于陌生环境、陌生人的出现或恐吓等），均能引起婴幼儿不适应而影响睡眠，引起入睡困难、睡眠不安，甚至夜惊、梦呓、磨牙、梦魇或梦行症等。

梦呓：就是说梦话，表现为睡眠时讲话或发出类似讲话的声音，甚至在睡眠中唱歌或哭笑。这是因为有的孩子入睡后大脑并没有完全休息，一部分神经细胞还比较活跃，例如语言中枢。在每个睡眠周期中从浅睡眠进入深睡眠阶段，有可能做梦，并出现说梦话的情况。

梦魇：白天受到恐吓或过度兴奋，或睡眠时呼吸不畅等因素，均可使幼儿发生梦魇。表现为宝宝从噩梦中感到四肢受压不能动弹而突然惊醒，醒后仍有短暂的情绪紧张，并伴有出冷汗、心悸及轻度面色苍白现象，对梦中紧张景象可恍惚回忆，片刻后安静入睡。多为过度紧张所致。

夜惊：从睡眠中惊起，两眼直视、表情紧张、激动不已、大声喊叫啼哭，而且不易叫醒、不听劝慰。15分钟后又入睡，醒后不能回忆。

梦行症：可在精神因素作用下发生，也是癫痫的表现之一。患儿从睡眠中起床，步态不稳如醉酒状；面无表情，往往不语；在室内走动，可避开障碍物。片刻后自行上床复睡。有时绊倒在路旁后立即入睡，醒后对梦中的经历不能回忆。

夜惊可能发生于生物学因素、环境因素和认知发育相互作用的中间过程。而梦呓或梦行症与中枢神经系统发育不成熟有关。夜惊和梦游也有可能是神经症的一种表现或者是癫痫的一种症状，因此需要做进一步检查。

3～9岁的孩子还可能发生频繁打鼾、磨牙症和梦魇。其产生的原因可能与咽部的淋巴组织处于生理性生长高峰，气道变窄易感染，牙齿发育处于恒牙替代乳牙的萌动期，以及中枢神经系统发育不成熟有关。

明白这些原因就知道为什么有的孩子易出现入睡困难、睡眠障碍的情况，而发生有悖于正常现象的表现。这与“魂”没有任何关系，“叫魂”是没有用的，更何况我们人没有什么“魂”。

喂米油或米汤

Q 不少地方有给新生儿或者小婴儿喂米油或米汤的习俗，这种习俗可取吗？

A 有的地方是在孩子2个月大的时候，也有的地方是在新生儿出生不久就给孩子喂米油或米汤，认为“米油赛人参”，说喝米油长肉。米油是用米熬稀饭时浮在上面的一层粥油。熬制的米油主要含有糊精和少量单糖。虽然消化吸收得很快，但是没有任何其他的营养成分。更何况大米还可能富集重金属等污染物，尤其是砷也会同样进入米汤。虽然我国对大米中的砷含量做了规定，按照国标《GB2762—2017食品中污染物限量》，每公斤大米中可以含有200μg以下的砷，但我们不能保证买到的所有大米都合格。

因此，给4个月以下的小婴儿喂米油、米汤这个习俗是绝对要不得的，可以添加辅食的婴儿我们也不建议喂米油、米汤。

不管是米油还是米汤，主要成分是淀粉，而消化淀粉是需要淀粉酶的。淀粉酶主要由唾液腺、胰腺等分泌。婴儿在4个月前消化功能发育不全，唾液腺的发育尚不成熟，不仅口腔唾液分泌量少，唾液中的淀粉酶活力也低；而且小肠内的胰淀粉酶的含量也明显不足。4个月大时唾液才开始逐渐增加，5～6个月时分泌量增多。唾液具有消化和抑制细菌生长的作用，同时唾液中淀粉酶分泌增加，才能对食物进行初步的消化。

如果要想给宝宝喂食米汤，最好在婴儿6个月后，最早也要在4个月后。如果在4个月前添加米汤、米粉等淀粉类辅食，常常会导致宝宝消化不良，同时也会影响母乳或者配方奶的摄入。

有的老人认为米汤营养价值高，因此会用米汤来冲奶粉，认为这样可以给宝宝更好的营养。但是这种做法不仅不能给宝宝增加营养，还会给宝宝带来不良影响。这是因为米汤中的主要成分——淀粉，其中含有脂肪氧化酶，它会破坏奶粉中的维生素A，而奶粉是婴儿摄入维生素A的主要来源，长期用米汤冲奶粉喂宝宝会引起维生素A的缺乏，从而导致婴幼儿发生夜盲症和皮肤粗糙、抵抗力低下等。另外，米汤冲奶粉还可能造成婴儿缺钙。因为米汤中的鞣酸会与奶粉中的钙结合，从大便中排出，造成钙不被吸收，而奶中的钙是婴儿摄入钙的最主要来源。长期用米汤冲奶粉喂宝宝会导致缺钙，甚至会发生佝偻病（多汗、夜惊、鸡胸、漏斗胸、O型腿等）。

咀嚼食物喂孩子

Q　在喂宝宝食物之前先把勺子放到自己嘴里尝尝或试温度，抑或将食物咀嚼后喂孩子、与宝宝共使一个餐具……这些做法可取吗？

A　宝宝发生龋齿是多种因素造成的。但是，细菌是发生龋齿重要的因素之一。发生龋齿的主要致病菌是变形链球菌，而咀嚼喂食孩子正是这种细菌传播的一个途径。新生儿的口腔里原本是没有变形链球菌的，如果父母和看护人有一些不良的卫生习惯，如在喂宝宝食物之前先把勺子放到自己嘴里尝尝或试温度、将食物咀嚼后喂孩子，或与宝宝共使一个餐具等，而恰好这些成人又是导致龋齿的变形链球菌携带者，经过嚼食喂饭、或尝试，或共用餐具，就会通过口水将自己口腔中的变形链球菌传播到孩子的口腔中去。变形链球菌在孩子口腔定植、繁殖得越早，孩子将来患龋齿的程度就越严重。

我国人群中幽门螺杆菌感染率是很高的，约为55%。虽然有的人感染后并没有发病，但依然是幽门螺杆菌的带菌者。其原因与我国家庭成员之间共用餐具，没有分餐的生活习惯相关。尤其是抚养者尝试食物、咀嚼食物后喂养小儿或与小儿共用餐具等不良习惯，更易传播。

幽门螺杆菌主要是通过感染者唾液在口与口之间传播，也会造成婴幼儿幽门螺杆菌感染。幽门螺杆菌主要是生长在胃黏液下层黏膜表面的微需氧的革兰阴性菌，同时也生长在人的口腔唾液和牙菌斑中。幽门螺杆菌感染易引起慢性胃炎、消化性溃疡、胃癌等，专家还发现幽门螺杆菌与儿童缺铁性贫血及特发性血小板减少性紫癜密切相关。幽门螺杆菌也被列入第一类致癌因子。

在人的一生中，儿童时期较成人期容易感染幽门螺杆菌。所以，这个陋习必须改正。

孩子不吃盐没力气

Q 一些老人总说“孩子不吃盐没力气”，这种说法科学吗？

A 成人尝试过宝宝没有添加盐的辅食后感觉没有味道，就认为不会引起宝宝的食欲，更重要的是，他们认为“不吃盐，宝宝会没有力气”。因此在宝宝的辅食中往往添加盐，孩子吃了添加盐的辅食可能会一时食欲增加，但是随着辅食添加盐量的增加，孩子会越来越喜欢口味更重的咸味食品。过食含盐多的食品会造成体内钠储存过多，尤其婴幼儿肝、肾等器官发育还不成熟，过量摄入钠会引发一些严重疾病，如心源性水肿、肝硬化腹水、蛛网膜下腔出血、脑肿瘤等。孩子长期食用含盐量较高的食品就埋下了高血压、心血管疾病和某些肿瘤的风险，所以中华医学会高血压分会提出预防高血压从婴幼儿开始的建议。

盐的主要成分是氯化钠，人类主要是需要其中的钠离子。钠离子是维持人体正常血压和肌肉神经应激性所必需的一种矿物质。根据《中国居民膳食营养素参考摄入量（2013年）》，正常人血浆钠的浓度为140mmol/L。人体是一个体液恒定、细胞内外液稳定的整体。而钠主要存在于细胞外液中，一旦体内钠的含量过高，其渗透压也会增高，就会吸收大量的水分，使整个细胞外液容量增多，造成心脏负担过重、机体水肿、血压升高。

根据世界卫生组织以及中国营养学会颁布的《中国居民膳食指南（2016）》，6个月内的宝宝需要的钠为170mg/d。母乳含钠量230mg/L，按每日哺乳量为750mL，从乳汁中获得的钠为172.5mg/d，足以满足孩子对钠的需求。我国对第一阶段的配方奶粉中钠的含量有具体要求，按照我国现行国标规定：在0～6个月婴儿配方奶中钠的含量为5～14mg/100kJ。7～12个月的孩子每天需要的钠为350mg，除了奶里含有的钠（按照我国现行国标规定：较大婴儿和幼儿配方奶粉中钠的含量应低于20mg/100kJ）以及辅食中含有的钠，例如1个鸡蛋含钠71mg，100g新鲜瘦猪肉含钠65mg，100g新鲜海虾含钠119mg，加上母乳或者配方奶中的钠（配方奶中钠含量略高于母乳），足以满足较大婴儿对钠的需要。

所以，7～12个月孩子的辅食中不要加盐。

《中国居民膳食指南（2016）》还建议：1～2岁<1g/d，2～3岁<2g/d，4～5岁<3g/d。更何况1岁以后还要警惕孩子吃的零食中的隐性盐的摄入。

多穿衣捂孩子

Q　有一种冷叫“奶奶觉得孩子冷”。只要一摸孩子手脚发凉，马上说孩子太冷，给添衣加被。尤其是孩子生病发热，更要捂着孩子发汗。这种做法对吗？

A　这是一些隔代人在照顾孩子过程中容易犯的错误。

在生活中我们经常发现有的婴幼儿手脚发凉，一些家长就认为孩子可能穿得少，手脚发凉是受冷所致，因此就会给孩子增加衣服。殊不知，这样做反而容易造成孩子感冒。

为什么呢？婴幼儿，尤其是1岁以下的婴儿，四肢含有的血量少于内脏，通往四肢末端的血管对温度更为敏感，遇到冷空气会收缩，造成四肢供血不足，这是孩子手脚发凉的原因之一。另外，婴幼儿神经系统发育不成熟，尤其是自主神经发育不成熟，不能很好地控制血管收缩和舒张，这是孩子会出现手脚发凉的另一个原因。随着孩子逐渐发育，这种现象就会消失。

家长可以通过以下办法来观察孩子是否冷：哺乳期的婴儿在吃奶时，妈妈可以通过乳头来感受孩子口腔的温度，判断孩子是否冷；摸摸孩子的后背和腋下的温度，如果后背和腋下温暖，就说明孩子不冷，不需要给孩子额外加衣服。

孩子发热时更不能捂汗，这是因为人体发热需要经过3个阶段：

● 体温上升期。产热增加，散热减少；产热大于散热，体温升高；表现出畏寒、皮肤苍白，严重者打寒战并出现鸡皮疙瘩。

● 高温持续期。体温升高到新水平时便不再继续上升，并在这个高水平上波动；产热与散热达到新的平衡；表现出酷热、皮肤发红、口干舌燥。

● 体温下降期。高温持续期后，体温中枢发出降温指令，散热明显增加；产热减少，体温回到正常；表现出体温下降、皮肤潮红、出汗，严重者脱水。

当发现发热时，孩子往往已经处于高温持续期。此时皮肤的血管扩张、血流速度加快、呼吸加快，促使身体散热，并开始大量出汗。这样就能使散热增加，产热减少，促使体温下降。由于婴幼儿体温中枢调节温度的能力有限，越小的孩子调节能力越差；再被厚厚的被子包裹，孩子的体温不但不能降下来，反而因为不能散热，造成体温升高。同时，小婴儿大量出汗，还会导致孩子严重脱水，造成大量电解质丢失，引起电解质紊乱。而大量的脱水也会造成血液浓缩、有效血容量减少，严重地影响散热，导致肾功能受损。越小的孩子皮下脂肪越薄，不能抵御高热。婴幼儿的神经系统对于高热的耐受能力很差，可以引起孩子的昏睡、谵语、惊厥、昏迷，尤其是小婴儿，更容易发生热性惊厥。

所以，孩子发热必须及时做出相应的处理，千万不能在孩子发热的时候捂汗。

12

我的隔代育儿生活

隔代育儿不是那么简单

和隔代人一起探讨儿科医疗上似是而非的问题

在全国公益巡讲以及在微博上与家长互动的过程中，我发现很多家长，包括一些隔代人在照顾孩子过程中存在一些看似正确、实则错误的育儿方法。这些似是而非的问题常常困扰着家长，不得其解。而这些误区的实施者往往又是隔代人，因此作为科学育儿专家的我，想和隔代人一起探讨这些似是而非的育儿问题。

我特别希望老人也应该像自己年轻的时候，在养育孙辈时同样怀有强烈的求知欲；最好什么都想学习，尤其是育儿知识，千万不要把自己封闭起来。封闭就会停滞，就会倒退。我们应该多接触外界新事物，在育儿的道路上多学习一些新的知识，扭转自己在一些认识上的错误。

关于扭转对蛋黄认识的错误

世界卫生组织通过反复的论证和研究（尤其是对发展中国家）后，认为“纯母乳喂养6个月后（包括人工喂养的婴儿）逐步开始添加辅助食品”。到现在，无论是母乳喂养还是人工喂养的孩子，都建议最好满6个月开始添加辅食。

在准备添加辅食的时候，很多妈妈都有疑问：首先添加的是含铁的米粉还是蛋黄？鸡蛋是婴幼儿容易过敏的食物，该不该推后添加？

6个月的婴儿从母体中获得的各种营养储备，尤其是铁已基本耗竭，而母乳已经不能为婴儿提供所需要的铁营养素了。而铁是人体必需的微量营养素，参与血红蛋白和DNA合成以及能量代谢等重要生理过程。因此，必须及时补充铁来满足婴儿身体迅速发育的需要。

铁的摄入量标准

根据2013年版《中国居民膳食营养素参考摄入量》，不同年龄（月龄）孩子每天推荐铁的摄入量为：

- 0～5个月摄入0.3mg；
- 6个月～1岁摄入10mg；
- 1～3岁摄入7mg；
- 4～7岁摄入10mg。

如果辅食中没有充足的铁元素，很容易发生铁缺乏和缺铁性贫血。缺铁性贫血会损害婴幼儿的免疫功能，影响体格发育、智能发育，对婴幼儿健康的危害极大。

但是，首先添加的辅食应该是蛋黄还是含铁米粉呢？很多隔代人还是认为应该先添加蛋黄。但是每100g蛋黄含铁约6.5mg，一个蛋黄也就25g左右，其含铁0.4mg，而且所含的铁是磷酸铁，属于非血红素铁，吸收率仅为3%。对于急需补充铁的婴儿来说，蛋黄确实不是补铁的好辅食，因此不能作为首选的辅食。而根据国家技术标准，含铁米粉每100g应含铁≥6mg，且极少过敏，是婴儿理想的安全食品。

对于婴幼儿来说，鸡蛋是易引起过敏的食物。为了预防孩子对鸡蛋等食物过敏，有些专家建议晚些添加鸡蛋，最好1岁以后再添加。但是，近年来关于辅食添加时间与食物过敏关系的研究已经表明：建议满6个月添加辅食，不早于4个月，不晚于7个月；过早或者延迟添加反而容易增加过敏的风险；不要回避易过敏的食物，早期添加可能更容易诱发耐受。怀疑对食物过敏，可以采取皮肤划痕或者点刺实验。也可以进行特异性IgE检测，检测结果为强阳性可以暂缓添加；检测结果为阴性或弱阳性需及时添加；没有强致敏指征的易过敏食物，不应该回避。早添加一些易过敏的食物，并不会增加过敏的概率；避免或者推迟添加，也不会带来预防效果。也就是说，没有证据显示限制饮食能够有效地预防过敏。过早、过晚引入都有可能增加食物过敏的风险，包括牛奶、鸡蛋、花生、鱼、贝壳类等容易过敏的食物。该过敏的并不会因为晚添加就不会发生过敏。美国儿科学会也认为，没有证据表明孩子添加辅食后吃这类营养密集性食物会导致日后对这类食物过敏。因此，不用推迟添加易过敏的食物来预防过敏。2016

年中国营养学会颁布的《7～24月龄婴幼儿喂养指南》也不建议推迟易过敏食物的添加，而是建议尽早开始引进不同种类的食物；满6个月开始逐渐引入不同种类的食物，每种食物从少量开始，每次只添加一种新的食物。尽早丰富孩子辅食的种类，以满足孩子生长发育的需要。

鸡蛋是一种经济、营养丰富、适用的动物性食物。因此在添加富含铁的食物，如含铁米粉、红肉泥、肝泥之后，如果孩子没有特殊情况，紧接着就可以添加蛋黄了。一旦孩子对蛋黄适应良好，就可以尝试添加蛋白了。

7～24个月添加辅食的顺序建议从富含铁的食物开始，如含铁米糊、肉泥（指红肉泥）、肝泥、蛋黄泥、菜泥、果泥、禽肉泥。每种食物让孩子吃2～3天，如果没有出现腹泻、呕吐、皮疹就可以继续添加另一种新的食物。尽早做到食物多样化，但不建议添加果汁和菜汁。

关于补钙的误区

不少隔代人对于孩子夜间睡眠多汗、肋缘外翻以及枕秃都认为是缺钙造成的。因此有的家长就会盲目给孩子补充钙剂。

孩子正常出汗对身体有很大的好处，如调节身体的温度、滋润皮肤、排出体内的一些代谢产物等。由于小婴儿的新陈代谢极其旺盛，且中枢神经系统发育还不成熟，不能很好地调节神经的兴奋和抑制，尤其当孩子刚刚入睡，支配汗腺的交感神经出现兴奋状态，孩子的体液含量又比成人占的比例大，因此孩子出汗就多。一般后半夜孩子身上的汗就减少了。这是孩子正常的生理现象。如果孩子夜间多汗，同时伴有身体不适，就要警惕孩子是不是要生病。

家长遵照医嘱按时给予孩子补充发育所需要的维生素D，一般不会发生佝偻病，除非孩子对钙或者维生素D吸收得不好。更何况佝偻病不但有多汗、夜惊、夜啼、易激惹的症状，还有骨骼上的变化，如出现方颅、肋软骨沟（又称郝氏沟）、肋软骨串珠、鸡胸、腕部手镯、踝部足镯、驼背、脊柱侧弯、X型腿、O型腿、肌肉和肌腱松弛、肌张力下降等症状。

另外，一般人们认为的“缺钙”其实是维生素D缺乏性佝偻病。但维生素D缺乏性佝偻病和缺钙是两回事：前者是因为维生素D缺乏，引起钙代谢异常发生的疾病；后者是因为钙摄入不足，或者由于甲状旁腺及肾功能的异常造成血钙过低，从而发生低钙血症。

那么，根据枕秃和肋骨外翻情况能否判断是否缺钙呢？一些新生儿出生后数周内可能出现脱发，我们称为生理性脱发。新生儿头发绵细色淡，胎毛生长期比较短，加上孩子躺着摩擦、出汗多，所以出现枕秃。枕秃可以突发，也可以隐袭性脱发，一般数月后可以复原，很少能够延长数年的，而且最终都可以复原，这是正常新生儿的特殊表现。同样，肋骨外翻主要是指胸12肋骨向外翻。这是因为肋骨在发育过程中，从卧位到坐位、站位时重力的改变，同时膈肌牵拉胸11肋骨造成的，是小婴儿发育过程中出现的一种正常情况，不是维生素D缺乏性佝偻病的体征，补充钙剂是不对的。

很多家长都走入了补钙的误区。孩子过量摄入钙会造成一系列不良后果，如高钙血症、高尿钙症，还可能引起肾功能不全、血管以及软组织钙化、肾结石。高血钙也会造成呕吐、尿钠排出增多，引起血容量降低，增加远端肾小管对碱的重吸收而导致奶碱综合征和干扰铁、锌等金属离子吸收，以及引起便秘。而家长往往不知晓以上的危害，常常被误导。

对于营养素的摄入量规定，近几年也有了很大的变化。例如，婴幼儿对钙的需求，根据大量的循证，数据就有了很大的改变。根据中国营养学会编著的《中国居民膳食营养素参考摄入量（2013版）》，修正了《中国居民膳食营养素参考摄入量（2000版）》中有关钙和维生素D的推荐摄入量或适宜摄入量。

钙和维生素D摄入量对照表

	0~6个月		7~12个月		1~3岁	
营养素	钙（mg）	维生素D（IU）	钙（mg）	维生素D（IU）	钙（mg）	维生素D（IU）
2000年	200	800	400	600	600	400
2013年	200	400	260	400	600	600

——2016 营养性佝偻病的预防和管理全球共识建议

我国制定的钙和维生素D的摄入量已经和全球共识同步了。随着近几年研究的不断进展，相关的标准也在不断地改变。只要保证孩子一天的奶量充足，是不需要额外补充钙剂的。

关于补锌的误区

通过平时和一些妈妈接触，包括在网上和讲座时与妈妈们进行交流互动的过程中，我常常发现有些妈妈很喜欢给孩子吃保健药物或者药膳。她们认为要想孩子身体好、发育得好，就应该吃一些保健品或补品，尤其在营养方面更是重视。因此当看到孩子不爱吃饭，或者在儿保科体检时发现微量元素锌“缺乏”时，不少妈妈都热衷于给孩子补充锌剂，当然也与一些医护人员的推荐有关。

锌是人体内仅次于铁的、第二大含量的微量元素，是人体生命中必需的营养素。锌是人体多种酶和活性蛋白的必需因子，在维持机体细胞膜的稳定性、提高人的认知能力和中枢神经系统活动、增强免疫功能，以及遗传代谢、维持正常味觉和视力等方面具有重要的作用。

锌在人体内分布很广泛，它是以酶的组成成分存在的。目前，已知人体内300多种酶含有锌，几乎所有的组织、器官、体液和分泌物中都含有锌。含量比较高的有肝脏、骨骼肌、皮肤、毛发、指甲、眼睛和前列腺等。骨骼和毛发中的锌都比较固定，不易被机体代谢或组织所利用。成人的血液中含锌量很少，只占全身总锌量的0.5%，而且血液中的锌主要存在于红细胞内（约占血液锌的75%～88%），血浆锌只占血液锌的12%～23%。

锌的吸收主要是在十二指肠和近端小肠处。锌进入体内后，大部分与高分子蛋白质结合，另有一部分与金属硫蛋白结合。当机体对锌迫切需要时，这些蛋白质释放出锌，与血液中的白蛋白结合进入血液循环中，也有部分锌与运铁蛋白结合转运到血液中，锌的吸收率就会上升。当体内的锌处于平衡状态时，过多摄入的锌（包括膳食或者额外补充的锌剂）90%通过粪便排出体外，其余由尿、汗、精液、皮屑和头发排出体外或者丢失掉。膳食中富含植酸、草酸盐、膳食纤维、多酚（单宁）的食物也会抑制锌的吸收。

正因为锌是通过以上途径在体内进行运输和吸收的，如果过多地补充铁剂、钙剂就会降低锌的吸收率；反之，补充过多的锌剂，不但不会吸收，还会降低铁和其他二价元素，如铜、锰、钙等的吸收，造成这些营养素吸收障碍，而且过量补充锌也会造成胃肠道不适、腹泻、恶心、呕吐。一般膳食中的含锌量不会引起中毒，但是如果通过药物过量补充锌的话，急性中毒可以引起腹痛、恶心、呕吐、腹泻，甚至发生步态不稳、嗜睡等，严重者会出现惊厥、昏迷、脱水、休克，甚至死亡。慢性中毒会引起食欲缺乏、精神萎靡、免疫功能低下，影响体内铁和铜的吸收，造成顽固性贫血、中性粒细胞和淋巴细胞减少。

目前在临床诊断过程中，曾经使用过血清锌、白细胞锌、红细胞锌、发锌和唾液锌作为锌的营养状况评价指标，但是它们并不能完全反映体内锌的营养状况。所以通过静脉血、指血以及头发检查锌的营养状况进行评价是不准确的，也是不可靠的（包括其他一些微量元素和常量元素的检测也是不准确的）。例如，头发中的锌会受头发清洁程度、发质、个体生长发育程度和环境污染等多种因素的影响，因此不能很好地反映锌的营养状况。通过指血检查锌也不准确，因为血液中的含锌量本来就极少，而且大部分储存在红细胞内。在医护人员采血过程中会混有组织液，使原本含量极低的血锌测试出来的结果更低。

因此，作为家长或者医护人员，应该有清醒的头脑，慎重对待“营养性锌缺乏病”的问题。医生不能仅凭指血、头发，包括静脉血检查微量元素的化验指标进行诊断，还要结合临床症状认真检查、确诊，才能给予锌剂治疗。作为家长更要慎重对待，因为补充锌剂是治疗手段，而不是像吃保健品那样简单的事情。如果确实需要补充锌剂，也建议使用单纯的锌制剂，不要使用复合药物，例如锌与其他元素组成的药物，这样很容易造成体内营养素的失衡。

日常生活中，如何才能满足宝宝对锌的需求呢？其实很简单，对于婴儿来说，母乳喂养对预防缺锌有利。母亲的初乳中锌含量高于成熟乳3～4倍。母乳中锌的生物利用率比大豆蛋白、牛乳都高；当然，母乳中锌的含量个体差异也是很大的，主要与受孕期和哺乳期膳食中锌的摄入有密切关系。目前，配方奶都已经强化了适量的锌。同时，孩子要按时添加辅食，注意辅食种类合理搭配，提倡“自然食物，均衡膳食”。只要膳食结构合理，保证做到每天动物性食品、蔬菜、水果、谷类食物的摄入，适当地添加粗粮，做到粗细搭配，保证这些食物不缺就可以了。我们不认可通过补充某些锌剂来满足孩子生长发育过程中对锌的需求。

根据中国营养学会编著的《中国居民膳食营养素参考摄入量（2013版）》修订了2000年版本中有关锌的推荐摄入量或适宜摄入量。

锌推荐摄入量的变化

单位：mg/d

	0~0.5岁	0.5~1岁	1~3岁	4~6岁
2000年	1.5	8	9	12
2013年	0	2.8	3.2	4.6

孩子在合理饮食中的含锌量并不缺少。如果6个月内母乳量为750mL，婴儿从母乳中摄取的锌含量为2.2mg；配方奶每100mL含有锌0.6mg左右；每天700mL的奶量，获得的锌足以满足孩子的需要。6个月后，孩子除了从母乳或配方奶中获得锌外，辅食中的含锌量也不少，例如大米、小麦以及玉米每100g中含锌2mg。因此，孩子不需要吃那么多的锌，作为医务工作者和家长，应该从补锌的误区中走出来。

关于使用抗生素的问题

现在，隔代人，也包括一些妈妈和爸爸，只要孩子一生病就认为是有炎症。因此盲目使用抗生素来进行消炎，而且希望医生给孩子使用更高级的抗生素。但是看到目前有关细菌耐药性以及超级细菌产生的一些报道，又害怕使用抗生素，担心对宝宝健康不利，因此症状一消失就会停药或者减药。其实不规范使用抗生素或者滥用抗生素造成的危害更为严重。

这里谈到的消炎药，常被人们错误地认为是抗生素。人们一般认为抗生素能够治疗一切炎症，其实抗生素只是针对细菌引起的感染才有效，而对于病毒引起的感染以及无菌性炎症是不起作用的。儿科常见的上呼吸道感染（俗称感冒）几乎90%都是病毒感染引发的，而关节炎、肩周炎、滑膜炎等都属于无菌性炎症。

目前，国内的抗生素市场很大、十分混乱，而且抗生素菌谱越来越窄，抗生素越用越高级。同一种药物换上不同的商品名，加上广告的吹捧，价格就会翻倍，让家长越来越无从选择。因此，家长必须走出抗生素用药的误区。

在国外，抗生素属于处方药，只有主治医师以上的医生才能开。可是在我国，虽然抗生素也属于处方药，但是一些药房受利益驱使仍随意售卖，也为不合理应用抗生素创造了条件。

抗生素自问世以来，为保障人类的健康作出了不可磨灭的巨大贡献。但任何药物都具有两面性，当人们没有正确认识和合理使用时，抗生素就会带给人类不小的灾难。

2015年《生命时报》的一篇名为《抗生素用一次肠道要调一年》的文章报道，美国《微生物学》杂志发表文章表示，服用抗生素能够影响肠道健康长达一年，即用一次（一个疗程）抗生素就会在未来的一年里持续地扰乱服药者的肠道微生物群落。文章中还报道了荷兰阿姆斯特丹大学医学中心的一项研究发现，使用抗生素后，肠道内的不同菌群都出现了不同程度的耐药性等情况。因此合理使用抗生素，可以最大程度降低不良反应的风险。

每种抗生素都有一定的抗菌谱。凡是能杀灭或抑制某一种或某一类细菌的抗生素称为窄谱抗生素，如青霉素只对革兰氏阳性菌有抗菌作用，而对革兰氏阴性菌、结核菌、立克次体等均无疗效，故青霉素属于窄谱抗生素。凡是能够杀灭和抑制大多数细菌的抗生素则称为广谱抗生素。氯霉素、四环素由于对革兰阳性菌、革兰氏阴性菌、立克次体、沙眼衣原体、肺炎支原体等都有不同程度的抑制作用，所以被称为广谱抗菌药物。近年来，一些半合成的青霉素，如氨苄西林、羟苄西林等，扩大了抗菌范围，不但对革兰阳性菌有效，而且对革兰阴性菌也很有效，特别是对伤寒杆菌、痢疾杆菌效果很好。第三代、第四代头孢菌素抗菌谱也很广。窄谱抗生素针对性强，不容易产生二重感染；而广谱抗生素抗菌谱广，应用范围大，容易产生耐药、二重感染等，针对性也不如窄谱抗生素强。因此，医生会根据抗生素使用原则作出选择，达到尽快控制感染，挽救病人生命的目的。

临床医生选择抗生素的原则是：能用窄谱的就不用广谱的；能用低级的就不用高级的；用一种能解决问题就不用两种；在没有明确病原菌时可以使用广谱抗生素，一旦明确了致病的微生物就要使用针对性强的窄谱抗生素，同时轻度或中度感染不主张联合使用抗生素。

使用抗生素的原则

- 能口服制剂达到治疗目的的就不用针剂；能使用肌肉注射达到治疗目的的就不用静脉滴注。
- 使用抗生素必须保证足够的剂量，在体内必须达到有效浓度，且要维持一定的时间，切不可随意停用或减少用药次数，才能有效控制感染，才不会造成细菌产生耐药性。

人体是一个微生态平衡的整体，各种细菌在身体各个部位互相依赖、互相制约、和平共处。对于病毒引起的感染或无菌炎症使用了抗生素，或者已经明确某种细菌的感染而盲目使用广谱抗生素或联合用药，或者没有针对性地使用窄谱抗生素，没有杀死致病菌、病毒，即便杀死了致病菌，同时也杀死或抑制了正常细菌，从而引起菌群失调，耐药致病菌种大量产生、繁殖，造成二重感染，即原有细菌或者病毒感染。另外，大量或长期使用抗生素，还容易导致机体的抵抗力下降，使得一些真菌乘虚而入，引起鹅口疮、念珠菌肠炎，或全身性念珠菌、曲霉菌感染等。

对于婴幼儿和儿童，使用抗生素更要慎重。由于身体各个器官发育不成熟，对于成人可能不会造成损害的抗生素，往往对婴幼儿和儿童会造成严重的损害。一些抗生素的毒副作用会造成孩子肝功能的严重损害：喹诺酮类药物如环丙沙星等对儿童软骨有潜在损害；氯霉素则可导致骨髓抑制，引发血液病和灰婴综合征；一些氨基糖苷类抗生素，如新霉素、庆大霉素、链霉素、卡那霉素等，容易造成孩子耳聋和肾损害；一些非氨基糖苷类抗生素，如氯霉素、红霉素等，也可以引起药物性耳聋。据《生命时报》报道，在2005年全国春节联欢晚会上表演的21名聋哑者中，有18名是由于小时候注射抗生素而致聋的。滥用抗生素也增加了孩子过敏的机会，儿童哮喘病的增多就与此有很大关系。有些医生偏爱使用高级抗生素，细菌被杀死的同时，也有可能致病，甚至增加患者死亡的危险。这是因为细菌死后会释放大量的抗原，造成患者自身免疫性损伤，增加抗生素诱导脓毒血症的风险，甚至发生多器官功能障碍，严重者可能死亡。

不少家长由于医学知识的缺乏，在养育孩子的过程中滥用抗生素，错误地认为越高级的抗生素越好，喜欢把抗生素作为预防药物长期使用。当使用抗生素治疗时，只要用上一两天不见效，家长也不管自己使用剂量够不够、药物在体内是否达到有效浓度、用药途径是否对、使用时间是否够、孩子本身的免疫机制是否有问题，就频繁更换医院，不断就诊，造成同一种疾病使用多种抗生素。有的家长只要治疗一见效就马上停止用药，造成致病菌死灰复燃，病情迁延不愈，治疗起来更加困难。

随着大量抗生素的应用和新产品的不断研发，细菌的耐药性也在逐年增长。由于人类滥用抗生素，新一代耐药菌的产生只要2年时间，而医药工作者开发一种新的抗生素大约需要10年时间，抗生素的研制速度已经远远跟不上耐药菌的繁殖速度。如此发展下去，我们早晚有一天会面临无药可治的境地。因此，合理使用抗生素是每个家长需要注意的问题。

世界卫生组织关于正确了解抗生素的4条重要信息

- 抗生素不能治愈感冒和流感等病毒感染性疾病；
- 只能使用卫生专业人员开具的抗生素；
- 绝不与他人共用抗生素，即使是家人也不行；
- 勤洗手预防感染，以免使用抗生素。

关于微量元素和骨密度测量的认识误区

自20世纪80年代后期我国一些医院开展微量元素检测以来，微量元素检测便成了一些医院儿保科和儿科必做的常规体检项目。一些家长也热衷于给孩子进行微量元素的检查，关心自己孩子的营养状况。经常有家长就检测的结果来问我如何处理。我认为，目前所有检测微量元素的结果都不能真实地反映孩子体内常量和微量元素的真实水平，必须结合临床表现，才能判断孩子的营养状况。这些检测的结果不能作为临床诊断的标准，也不能作为治疗用药的依据。

检测微量元素大多通过3种途径：头发、静脉血、指血。

通过头发检测存在着很多问题，如每个人头发的发质、环境的污染、清洗的方法、使用的清洗剂、取头发的部位、取头发使用的工具以及化验室的环境、检测仪器等都影响着检测的结果。

通过静脉血检查也不能全面反映微量元素在体内的真实营养状况，因为很多微量元素在血液中只存在极少量，有的甚至还不到身体储存量的1%。静脉血检查包括采集指血检查，只能反映身体血液中瞬间的必需微量元素和一些常量元素的情况，在采集标本的过程中也极易受到污染，因此化验结果也只能供临床参考。

由于取血比较困难，所以目前一些医院多采取指血检测。指血检测给孩子造成的痛苦小，但是缺点也很多，如针刺的部位如果进针浅，血液流不出来，化验师通过手挤出血液来势必会将周围的组织液混入，同时标本极易污染，这样的检测结果肯定是不准确的。另外，在采集过程中，标本存在交叉污染的情况，而且各个医院所用的化验仪器是不同的，化验用的微量元素专用试管是否合格、化验员的专业水平如何，以及化验室的环境是否符合标准，都影响着化验结果。要知道，测量微量元素对仪器和实验室的环境要求非常高，不是一般医院实验室能够做到的。即使以上都合格，小儿当时的饮食、食物的品种、患有的疾病等各种因素也会影响检测的结果。

同时，孩子的一些表现，如乏力、多动、食欲差、伤口易感染等，也不是缺铁的特异性表现；口腔溃疡、挑食、偏食、消瘦也不是低锌的特异性表现；睡眠质量差、夜惊、枕秃、肋缘外翻等也不都是缺钙的特异性表现。正因为这些表现往往也是其他疾病的临床症状或是婴幼儿时期的特有正常现象，所以临床医生不能以此判断孩子是否缺乏某种元素，家长也不能盲目地给孩子进行补充。

目前检测微量元素主要是检测人体必需的微量元素，但是因为一部分常量元素与孩子的健康密切相关，因此也在检测范围内，如钙、镁。微量元素主要检测锌、铁、铜，有的医院还检测铅。

我国卫计委（现卫健委）早在2013年10月就正式下发了《关于规范儿童微量元素临床检验的通知》，其中明确指出：非诊断治疗需要，各级各类医疗机构不得针对儿童开展微量元素检测；不宜将微量元素检测作为体检等普查项目，尤其是对6个月以下婴儿。如果盲目检测、盲目补充微量元素，很可能加重孩子身体的负担。

由此可见，儿童没有必要进行微量元素检测，而且微量元素检测不应成为常规体检项目。只要家长注意合理搭配孩子的膳食，保证食品多样化，孩子就不会出现微量元素缺乏。

骨密度全称是骨骼矿物质密度，是骨骼强度的一个重要指标，其中骨骼矿物质不全是钙元素，还有其他元素。一些家长看到自己孩子测试骨密度低，根据医生建议就开始给孩子补充钙剂，怕影响孩子长高。实际上完全没有必要对健康婴幼儿进行骨密度检查，因为目前国际上还没有婴幼儿骨密度的正常参考值范围。更何况各家所使用的骨密度测试仪不相同，目前骨密度测试仪有双能X射线骨密度仪、超声骨密度仪、单光子类的骨密度仪等；测量部位也不同，是否是合格的产品，其性能的准确性如何也不得而知；所以测量骨密度是没有循证医学意义的。

在生理状态下，人体骨骼中骨矿物质含量随年龄不同而异。婴幼儿的骨密度本来就不高，骨骼是一个不断变化的活组织，其骨小梁随着骨骼伸长变粗也在不断地拉伸，通过其不断主动吸收钙以及其他骨矿物质，使自身大小以及密度不断增加。人要到30岁，骨密度才达到最高值。

骨密度检查也不能反映孩子是否缺钙。更何况骨骼的发育也与年龄、性别、种族，以及体内激素水平、人的营养状况、运动有着密切的关系。有临床研究显示，正常情况下，钙剂补充可能对儿童骨密度增长没有什么影响。美国营养与饮食学会发布文件警告，不要乱用营养和膳食补充剂，有些服用后还有可能出问题，如过多地补充钙剂会抑制血红素铁和非血红素铁的吸收，造成体内铁缺乏，引起缺铁性贫血。更何况单纯补钙并不能促使孩子长高，孩子的身高70%由遗传因素决定，其余是均衡营养、运动、睡眠以及环境相互作用的结果。

所以，对于正常的婴幼儿没有必要进行骨密度检查。

有关输液问题

很多家长以及隔代人都认为，孩子一旦生病，要想好得快就应该去医院输液，而且认为输液的治疗效果最好，因此医院门诊输液室经常人满为患。

静脉输液确实是一种治疗疾病的好办法，它能够快速地打开静脉通道，及时给予病人治疗的药物。它能在短时间内将药物迅速输送到全身，尤其对抢救危重病人能起到至关重要的作用。

但不是所有的疾病都需要输液。更何况静脉输液也有不利的一面，其面临的风险远远大于口服或者肌肉注射。这是一种侵入式治疗，可以说是一种小手术，而且有的疾病依靠输液反而不如口服药物效果好。经过长期大量的临床观察，通过静脉所输的药液中存在着人们肉眼极难发现的不溶性微粒，如橡胶颗粒、纤维素、结晶体等。有的药液在配制的过程中遭到污染，出现细菌、真菌和一些其他微生物，这些污染物会通过输液的过程进入人体中，阻塞小的血管，引起局部血液供应不足而使身体受到损害。

如果操作不规范，也会造成污染的液体进入血液中，引发一些感染性疾病，甚至危及生命。同时，输液的不良反应在世界各地频频发生，严重的输液反应还会导致患者死亡。何况婴幼儿在输液的过程中不能很好地配合，常常出现药液渗出，造成周围组织红肿，甚至坏死。

另外，婴幼儿的免疫系统发育不成熟，不能很好地抵御感染性疾病以及各种因为输液引起的不良反应，而且由于孩子的心血管系统和呼吸系统还很稚嫩，如果液量不恰当会造成这些系统所不能承受的负担，进而引发心血管和呼吸系统的衰竭，所以必须合理地使用输液疗法。

因此，作为家长和隔代人，也要清醒地认识输液疗法。儿科医生对于婴幼儿的治疗原则是，不吃药就能痊愈的疾病就不要吃药，能依靠吃药痊愈的疾病就不要肌肉注射，能通过打针痊愈的疾病就不要输液治疗。这样才能既很好地治疗疾病，又对于婴幼儿来说安全可靠。

13

隔代育儿不是那么简单

隔代带孩，带出了老人的抑郁症

隔代育儿中，受伤害最大的是老人

目前，一些有关隔代育儿的书籍以及文章，往往都只谈及隔代养育带给孩子的问题，很少谈及隔代养育带给老人什么样的问题。2014年，都柏林圣三一学院的研究人员通过调查7500名老人，发现每个月带孙子、孙女超过60小时的老人患抑郁症的可能性远远比其他同辈要大。我们不仅需要考虑孩子，还需要考虑老人如何享受老年生活。

2018年《中国青年报》发文谈道：据国家卫健委此前发布的《中国流动人口发展报告2016》数据显示，截止到2016年，中国现有随迁老人近1800万人，占全国2.47亿流动人口的7.2%，其中专程来照顾晚辈的比例高达43%。“二孩时代”的到来，让老人距离“松绑”的日子遥遥无期。长时间处于“责任重、风险高”的带娃压力下，老人也愈发显得力不从心、不堪重负。尤其是随着孩子长大，老人精力与体力大不如从前。但是，这些“老漂族”必须重新学习，被迫与这个突飞猛进的时代接轨，他们更多的是面临着融入这个时代的困境。这种困境造成一些老人孤独和无奈，抑郁情绪自然就会出现。他们更渴望回到熟悉的老家。

这些“老漂族”正如2019年《健康时报》的一篇文章《我们的父母是老漂族》所述：他们一面努力地融入孩子们的新家和看起来和自己格格不入的城市，小心翼翼地生活；一面又对渐行渐远的老家生活念念不忘，毕竟那里才是自己的根。

有研究表明，在中国有三成老人带孙子出现情绪问题。有的心理医生也表示自己每天至少要接诊三四十个睡不着觉的老人，追问才知道其中很多都是与带娃有密切关系。由于两代人所处的年代和思想的不同，分歧就慢慢浮现出来。老人感觉吃力不讨好：第一，儿女对老人教育方式的质疑；第二，祖父母“满腔热情”换来的却是儿女的“埋三怨四”。

在养育孩子的问题上，如果儿女连连表示对老人的不满，会给老人带来消极的情绪，从而使他们产生不自信、易怒或者隐忍的心理状态，这些都不利于老人的身体健康。尤其有些老人还要独自一人跑到外地带娃，长时间不能陪在老伴儿身边，语言上还有差异，他们内心都会感到非常孤单。

《我们的父母是老漂族》这篇文章还写道：

在哈尔滨和海南多年奔波于带孙子的老人张玉兰（化名），却被一直在广东家里过着退休生活的老伴儿要求离婚。老人在儿子、儿媳妇家生活的种种别扭和老伴儿冷漠的态度夹击时，选择抱着最小的孙子跳楼自杀。

由此可见，在隔代养育中，其实受伤害最大的是老人。

在农村，隔辈老人带着留守儿童过起了孤独而劳累的晚年生活。在城市的家庭中，隔辈带孩的现象也很普遍。很多老人因为子女有了孩子，被迫或者无奈只得远离自己生活的、熟悉的城市家乡，成为“老漂族”，来到儿女生活的陌生城市，帮助带孙辈。他们虽然享受着天伦之乐，但也承受着外人难以想象的孤独和烦恼，忍受着难以适应的城市人际关系和生活方式。这些老人好不容易将自己的儿女带大，过了几年舒心的日子，由于有了孙辈，又要重新开始承担起做家务、带孩子的工作。但是今非昔比，一个不容置疑的客观事实就是自己日渐衰老，各种行为能力远远不及当年带儿女时的状况。此时的老人被迫承担起更多的工作，自然会感到身心俱疲。尤其碰到儿女习惯性地甩“包袱”，将负担和压力全部或部分转嫁给老人——其本质是抚养孩子的职责错位。一旦年轻人不注意“度”的把握，将老人视为家庭内部抚养孩子最主要，甚至是绝对担当的实施者，有多少老人能够扛住这种压力？再加上老人心里的委屈无处诉说，甚至有的老人是夫妻两地分居，老伴儿不在身边，使得老人寂寞与压抑感更强。

这些隔代人不仅要适应陌生城市的生活环境，还要适应儿女家庭的生活方式。尤其是有些父母文化水平较低，而子女的文化水平比较高，这些父母在子女面前难免会有自卑情绪。他们不敢拒绝子女的要求，有时甚至要看子女的眼色行事，与儿女发生一些理念上的冲突。老人常常会感到自己是这个家庭的局外人，尤其是当儿媳或者女婿稍有不当言行，更容易造成老人敏感、不安，感觉被忽视、被否定，常常让老人有一种被边缘化或局外人的感觉。也曾有报道说，个别老人因带孙辈与儿女产生矛盾，受到埋怨后一时想不开自杀的案例。

正如《人民日报》评论文章《让老漂不漂，让夕阳更红》中写的：

> “老漂族”的精神危机，更来自家庭内部，根源于代际冲突。……“最累的不是带孩子，而是怎么带他们夫妻俩都不满意”……一辈子都是家里的权威，老人们此时突然发现，自己的经验似乎不管用了，说的话儿女们也不听了，需要花大量时间学习新知识、积累新经验，由此带来的压力和挫败感，更容易加深精神上的焦虑和孤独。

不少老人这样抱怨，他们心中不满的情绪没有地方倾诉，整天生活在带孙辈的辛苦中。还有一些老人认为“家丑不可外扬”，所以不愿意向外人倾诉家中的事或者没有熟悉的人倾诉。负面的情绪没有宣泄的通道，让老人感到十分孤独，久而久之就会产生抑郁症。正如北京大学第六医院黄悦勤教授所说：“‘老漂族’易成抑郁症的候选人。”

子女对父母应怀有感恩之心

前述都柏林圣三一学院关于隔代育儿对老人产生影响的调查研究发现，年轻父母过于依赖老人照顾孩子，以减轻请人照看孩子的高昂费用。同时还发现，在那些参加社交或休闲活动、受过更高教育的（外）祖父母身上，患抑郁症的可能性要小。学院的流行病学研究人员麦加里格尔女士说：“受教育程度不高的（外）祖父母中，抑郁症状较明显。”

爱尔兰一家致力于为老人提供更好政策与服务的慈善机构“老年行动”称，在照看孩子的事情上，父母应与祖父母进行开诚布公的讨论，这一点十分重要。这家慈善机构的负责人贾斯汀·莫兰称：“在照看孙辈、与孙辈建立亲密关系，支持已经成年的孩子这些事情上，许多老人得到了很大的满足感，但他们也有说‘No’的权利。”“还有一件事情需要考虑，随着祖父母年纪老迈，身体状况不如从前，他们无法再照看孙辈。这时，就需要减轻照看孩子的任务量，或者完全停止这项工作。”

根据研究发现，抑郁症有隔代遗传的概率。抑郁症是一种常见的精神疾病，主要表现为情绪低落，兴趣减低，悲观，思维迟缓，缺乏主动性，自责自罪，饮食、睡眠差，担心自己患有各种疾病，感到全身多处不适，严重者可出现自杀念头和行为。

年轻父母因为担心祖辈的宠爱会教坏孩子，恰恰反映出年轻父母对自己教育孩子的能力不自信。父母越没有能力处理孩子的问题，就越担心长辈会影响孩子。从情感依赖上来说，祖辈与孙辈之间感情深厚，这对老人的心理健康和孙辈的心智成长来说都是有益的，年轻父母不该惧怕隔代教育的一些负面影响而强行切断，只需多留心，发现孩子可能会受影响时及时干预和引导即可。

北京大学第六医院黄悦勤教授在《中国抑郁症流行病学和疾病负担》这一报告中说：“抑郁症平均使人少活6年。”

因此，年轻人应该怀有感恩的心情，陪伴是对父母最好的爱。子女的陪伴对于“老漂族”尤为重要。一次倾心深入的交谈，会更好地了解和满足老人的真正需求与心理，给老人一个倾诉的窗口。子女不要把照看孩子当作隔代人的义务，养育孩子的第一责任人是父母，隔代人只是背后辅助的人。

同时，作为子女应该在工作之余多分担家务，多多陪伴自己的孩子，给老人更多的时间去做他喜欢的事情。帮助老人更快地熟悉周围的环境，在新的城市结交更多的同龄人，并且创造机会让老人参加新结识的朋友们的聚会。

孝道是中国传统社会十分重要的道德规范，也是中华民族尊奉的传统美德。在中国传统道德规范中，孝道具有特殊的地位和作用，已经成为中华传统文化的优良传统。父母帮忙带孩子时，年轻人就要多多感恩，少一些挑剔；多多进行沟通，少一些固执己见；多承担一些家务，少一些推卸；关怀老人衣食住行多于关怀自己的孩子，老人就会把更多的爱给予孙辈。不要让本该安度晚年的老人，代替你负重前行。如果不得已，那请务必对他们好一点儿，再好一点儿。

经常带父母回老家看看，给他们一个假期；或者全家外出旅行，让他们放松身心。

14

隔代育儿不是那么简单

隔代人的“带孙焦虑症”

几乎每一个老人都有或轻或重的“带孙焦虑症”

记得2017年8月中央电视台《生活圈》栏目请我去做一期主题为“隔代带孩的焦虑症”的节目，主要是谈隔代人带孙过程中产生的焦虑问题。当时编导提前与我沟通时，我感到十分不解：我认为隔代人帮助带孙辈就是协助儿女带孙辈，有什么可焦虑的呢？我带外孙子怎么没有焦虑情绪呢？！带孩子的主要责任人是孩子的父母，是不是编导就是为了吸引人眼球才扯上了隔代带孩焦虑呀？当时编导给我举了一些例子，我仔细联想发现自己所接触的隔代带孩的人中确实或多或少存在着这个问题。编导告诉我：“老人隔代带孙会投入更多的情感，但和年轻父母之间经常在养育的问题上产生激烈的冲突。一旦儿女对老人的行为不肯定、不赞扬，老人在情感上会有很大的缺失。经过调查发现，几乎每一个老人都有或轻或重的‘带孙焦虑症’。”

在录制现场，我通过视频看到这样的故事：

因为女儿、女婿工作忙，放弃了自己所有的兴趣爱好过来帮助女儿、女婿带外孙子的郑大爷近来茶不思饭不想，夜间睡不着觉，整天都处在精神萎靡的状态。郑大爷去医院做各项检查也没发现有具体问题，但是全身不适的症状仍然不能改善，而且还时时莫名其妙地心慌、一阵阵出汗、心跳加快，甚至恶心，严重影响了生活。

原来很喜欢猫并且养过猫的郑大爷现在特别恐惧猫。郑大爷出现这种状况源于发生的一次意外。郑大爷和老伴儿去女儿家，将全部心思和精力都用在照顾外孙子上，将外孙子照顾得无微不至。尽管这样，还是发生了意外。

有一天，郑大爷带着外孙子去户外玩，他坐在石椅上看着外孙子在花丛中游戏奔跑，突然蹿出一只猫来，外孙子去追猫。没承想，孩子自己摔了一跤，将膝盖、手臂和额头擦伤了。郑大爷陷入了无限的自责当中，再加上回到家中被女儿和女婿狠狠地数落了一顿，让郑大爷更加自责起来，后悔没有看好外孙子。自叹“毕竟自己岁数大了，也跟不上孩子跑了”，于是就出现了以上的症状。从此以后，郑大爷只要一会儿没有看到孩子就十分紧张。心理专家告诉郑大爷，这是“带孙焦虑症”。

专家认为带孙的老人三成都会或多或少患有带孙焦虑症，表现症状也会有轻有重。

视频中还有一个王奶奶的故事：

因为儿子和儿媳生完孩子后工作特别忙，于是王奶奶从老家赶来，帮助儿子、儿媳照看孙子。刚来到儿子家，儿媳就给她约法三章，例如吃饭必须按照她安排好的食谱，孩子不好好吃饭绝不允许给孩子食谱以外的零食吃。一旦发现孩子吃了食谱以外的零食，儿媳就严厉批评王奶奶，王奶奶感到十分委屈。

后来，在一次带孩子玩大型玩具时，孩子不慎崴了脚踝，去医院就诊。虽然没有大碍，但王奶奶非常自责。王奶奶一边心疼小孙子，一边又不知道如何向儿媳交代。王奶奶非常害怕，觉得自己没有用，把孩子脚给扭了，哭了起来。回到家里，王奶奶更是受到儿媳的责备，自此以后儿媳还不让王奶奶看护孙子了，直接请来保姆看孩子。王奶奶只能做一些家务。儿媳还有意识地让孩子疏远奶奶，不但她不和老人说话，甚至只要孩子一与奶奶接触，就把孩子拉走。

于是，王奶奶产生了焦虑情绪。

心理专家指出：一些老人觉得自己是为了孩子好，在照顾孩子时采取了不恰当的方式；年轻的父母不能接受老人的方式，于是就产生了严重的分歧。老人投入了过多的精力和情感在里面，希望得到子女的认可，但又得不到，甚至子女对老人的投入不肯定、不赞扬，老人在情感上感到缺失很多，就会产生“带孙焦虑症”。

后来，记者调查了很多老人，这些老人也一致认为，在带孩子过程中，一旦孩子生病或者发生意外，就会感到特别自责，而且更加小心了。记者去幼儿园调查，几乎每个老人都有或多或少的“带孙焦虑症”。

对于王奶奶儿媳的做法，我认为十分欠妥。我记得一篇文章中谈道：

“当孩子已经和祖辈产生了浓厚的感情，父母可能觉得长辈太过溺爱孩子，所以让祖辈远离。”可是要注意的是，每一个小孩子都需要情感依恋的对象。和依恋对象在一起的稳定关系，对人的一生具有极大的影响。如果孩子已经和祖辈产生了依恋，强行把他们分开，会造成孩子极大的分离焦虑，并且有可能影响孩子安全感的建立。

在祖父母照顾孩子比较多的情况下，孩子可能会说“我最喜欢奶奶，不喜欢妈妈”“我喜欢外婆，讨厌爸爸”这样的话，年轻父母不要因为孩子的童言无忌而心有芥蒂。其实，孩子的判断往往是因为祖父母总是能够满足他生活上的要求，而父母总是站在一个不容易被孩子发现的角度上关爱着他。这是孩子处于婴幼儿时期的思维特点决定的，并不是老人在和父母争宠。

有些孩子会说“我喜欢奶奶，不喜欢爷爷”这样的话，也容易引发家庭矛盾。父母可以多和孩子这样说：“其实爷爷奶奶都喜欢宝宝。奶奶经常带着宝宝去公园玩，总是给宝宝买玩具，但是爷爷因为腿脚不方便，不能带宝宝去外面玩，可是爷爷总是在家里给你做好吃的，还给你讲故事。你说爷爷好不好？是不是也应该好好感谢爷爷？”通过引导孩子发现别人的优点，可以提高孩子的情商，让孩子学会全面看问题，也给了孩子感恩教育。其实这么做下去，孩子也就渐渐地理解了爱是有多种形式的。这是令老人、父母和孩子皆大欢喜的结果。但是，除了原则问题不能让步，其他问题建议背后沟通。婆媳之间的问题，建议儿子去沟通；翁婿之间的问题，建议女儿去沟通。为了三代人融洽地在一起生活，就要做到大事化小，小事化了。

老人的付出得不到子女的认可

《生活圈》节目也提出了是否患上带孙焦虑症的几种自测方法：

孩子出现意外或者生病，特别自责；

如果带孩子睡觉，半夜起码起来三次看孩子；

带孩子时，只要超过一分钟看不到孩子就紧张、恐惧；

带孩子后精神不如从前。

其实细想起来，我在带外孙子的过程中也遇到过这样的情况。如果外孙子病了，我必须自己守着外孙子，让外孙子和我睡在一起，便于夜间观察，及时处理，不放心女儿和女婿看护。同时我也深深自责，是不是我带外孙子时有什么疏忽的地方，才导致孩子发热生病的？平时对待患儿疾病诊断利索果断，带着下级大夫查房针对患儿病情分析也非常清晰，怎么对外孙子生病往往犹豫不决、瞻前顾后呢？真的是医不治己？想来想去，我不怕女儿埋怨，主要是顾虑女婿。当外孙子出现一些行为问题时，我常常对女儿、女婿说："你们平时一定要多陪陪孩子，养育孩子的主要责任人是你们。"结果女儿、女婿说："孩子这样，可是您教育的结果，您可是育儿专家！"他们看似不经意的一句话，却让我心中尤为不舒服："我的付出得不到他们的认可，我这是何苦呢？！"我的心中也很是焦虑，只不过我的焦虑不像他们那样严重而已。

的确是这样的。鉴于我国现状，由于大多数家庭都是独生子女，再加上我国妇女地位的提高，女孩的学历和工作并不比男孩差，父母对女孩的期望值一点儿也不低，所以绝大多数女孩结婚后有了孩子都不愿意做全职妈妈。再加上由于经济压力比较大，或者不放心、不喜欢雇用保姆带孩子，照顾孩子的重担自然而然就会落在隔代人身上。正如全国妇联家庭和儿童工作部2016年底发布的报告显示，61.6%的家庭在孩子上幼儿园前由祖辈帮助带养。虽然隔代人帮助带孩子，由于血缘关系在看护孙辈的时候能够带来很多欢乐，但同时也为自己带来了责任和紧张劳累的生活。不可否认，老人的一些生理机能退化，虽然是全心全意地带孩子，毕竟年龄不饶人，精力、体力不够，再加上孩子活泼好动，往往在带孩子的过程中会出现一些差强人意的事情。如果儿女再责备老人，往往弄得老人里外不是人。正如一篇文章所说：

寒心、放手，孙子就在那里，难舍人伦亲情；尽心、照看，紧张就在那里，惹得一身病症；在无数次纠结、心里挣扎中，不少老人患上了“带孙焦虑症”。

不少隔代老人都认为当初自己带儿女比较容易，也没有这么紧张过，可是带孙辈就不是那么回事了。尽管自己是全心全意带孩子，由于责任在身，就怕孩子万一有个闪失，不好向儿媳或者女婿交代，更怕自己的亲家在背后说三道四。因此，老人的精神负担特别重，再加上老一套的带孩子方式不被年轻人接受——据统计，78.8%的子女表示与老人教育观念不一致。老人无法达到儿女的要求，因而感到压力巨大，所以自然而然地产生了“带孙焦虑症”。

帮助隔代人缓解“带孙焦虑症”

那么，如何缓解隔代人的“带孙焦虑症”呢？

首先，年轻人必须清楚，养育孩子的第一责任人是自己，而不是隔代人。隔代人是在后面协助你们的人，没有责任和义务全部为子女和孙辈奉献自己的晚年。

我不记得是哪篇文章中谈道：

当孩子患蛀牙了，请先别怪奶奶偷偷买糖给他吃，想想自己有没有培养孩子养成每天早晚刷牙的好习惯。

当孩子任性发脾气，请先别怪老人溺爱，想想自己有没有用正确的方法管教他……

既然自己有一肚子育儿知识，那么赶紧实践吧。然后，你就会知道养育孩子有多辛苦，即便你真做了全职妈妈，也不见得能带好孩子，让孩子完全不出问题。

若是这样，你要责怪谁呢？

年轻人应该感恩隔代人牺牲了自己的爱好和晚年舒适的生活来帮助自己带孩子。平时生活中多多关心老人，不但自己尊重老人，也教育孩子要尊重老人。在语言和行动上关心老人，要多于关心自己的孩子。通过和老人生活在一起，能细心观察老人的脾气秉性；对老人要讲究说话的艺术，以老人能接受的方式让老人接受新观念。多讲一些感激父母的话，少讲一些刺激和责备的语言。

当然，隔代人同样要积极学习先进的育儿知识，要清楚地认识到：自己原来带孩子的习惯和经验可能已经不适应当下。学习先进的育儿理念，跟上时代的步伐。一些老的风俗习惯、自己固有的价值观不一定适应当代的社会，需要学习，学习，再学习，不要固守自己的旧观念。更何况努力学习新的育儿知识，还能不断活化自己的大脑，延缓大脑功能日渐消退的步伐。

平时子女和带孩子的隔代人就育儿问题产生分歧，要背着孙辈多多沟通，统一认识，减少在育儿过程中产生的分歧。一旦孩子发生一些闪失，父母不要一味地责备隔代人。其实隔代人疼爱孙辈的心更胜一筹，看到孙辈受伤或者有其他闪失，他会更自责、更痛苦。

正如《生活圈》节目结束时主持人做的总结：

隔代教育是不能一概而论的，年轻人在教育理念上比较新，在科学性、理念上，培养孩子各项能力上比较新。然而带孩子是比较累的，一大把年纪帮助带孩子，既是对孩子的爱，同时也是帮助年轻人分担压力，年轻人应该感恩。至于产生分歧，不同的人会有不同的看法，有时自己认为对的不见得就是对的，要听得进家人的意见。在沟通中寻找真相，在沟通中消除分歧，在沟通中积累经验，一起带好孩子才是最重要的大事。

15

我的隔代育儿生活

隔代育儿不是那么简单

隔代带孩是为了“养孙防老”吗

“隔代带孩”其实也是一种变相的“啃老”行为

虽然我在前面谈到隔代育儿是目前我国现实生活中一种不得已而为之的无奈选择，但也有不少人认为，隔代带孩是老人的一种义务，是人生必然的过程。当家里的老人提出不愿意带孙辈时，有的子女甚至认为隔代带孩与养老是前因后果的关系。其实，每个老人都辛苦奋斗了一辈子，他们年轻时努力工作并需要养育自己的子女和赡养老人，到了晚年想为自己而活，希望活得像歌曲《夕阳红》唱的那样：

最美不过夕阳红，温馨又从容。
夕阳是晚开的花，夕阳是陈年的酒；
夕阳是迟到的爱，夕阳是未了的情。
多少情爱化作一片夕阳红！

家里的老人提出不想带孙辈的话，年轻人应该理解。同样，对于老人来说，如果确实不想带孙辈，也不要委屈自己，可以直言不讳地提出自己的想法，因为带孙辈不是老人的义务，老人对子女的义务已经尽完了。

不知道有没有人想过："隔代带孩"其实也是一种变相的"啃老"行为。华中师范大学社会学院应用社会学教研室主任梅志罡就说："让老人帮忙带孩子，其实就是一种'啃老'行为。当然，这种啃老是在精力上和时间上的啃老，消耗的是老人的健康和晚年的自由快乐。不得不承认，老人处在生理能力下降的过程中，他们能帮忙带孩子的程度是有限的；年轻父母不能当'甩手掌柜'，不能把孩子一味甩给老人，自己不管。老人身体好的时候，带孙辈也是一种天伦之乐；身体不好时，应另请保姆，减轻老人的负担。"当然，也有个别年轻人在经济上"啃老"。由此，我也常常对女儿、女婿开玩笑地说："你们目前正在利用我的剩余劳动价值！"正如"澎湃"特约评论员然玉撰文所说："在典型的中国城市家庭中，'隔代抚养'的情况广泛存在。其原本旨在通过代际合作来分散和转移照看小孩的压力，但越来越多案例表明，这一模式正引发越来越多的问题。过去，人们更多地关注'隔代抚养'对孩子成长的不利影响，而如今因为带娃倍感焦虑、压力山大的老年人，也成了全社会担忧的对象。"因此，文章最后呼吁："隔代带孩"千万别异化成变相"啃老"。

不应把老人照顾孩子当成天经地义的事情

从法律角度来说，父母对子女有抚养、教育义务，但祖父母、外祖父母对孙辈并没有相应责任。对子女的养育，很明确应以父母为主，不应该把老人照顾孩子当成天经地义的事情。因为老人含辛茹苦把自己的儿女抚养大，已经完成了他们这一代人的义务和责任，没有责任和义务再帮自己的儿女带他们的下一代。所以他们有权利拒绝带孙辈。如果老人不愿意带孙辈，儿女也不要埋怨他们，因为这本来就不是他们的责任和义务。当然，如果老人从心里就是愿意照顾孙辈，像我这样帮助女儿、女婿照顾孙辈，享受这种含饴弄孙的天伦之乐，那么就要和儿女事先沟通好如何帮助带孙辈。但年轻人绝不能将带孩子的任务全盘或者大部分转移给老人，自己做“甩手掌柜”。

从传统观念来看，老人帮子女带孩子似乎是天经地义的事情，这是源于旧时代的一种观念——养儿防老。因为在旧社会没有现在这些社会福利保障。现在，老人们的退休生活已经有了经济上的保障，社会福利政策以及设施也逐步健全，即使是农村，也在实施老人失去劳动力后国家给予养老补助的政策，所以养儿防老存在的背景已经逐步改变了。

目前，农村由于大量年轻人外出打工，留守的老人也就担负起照顾孙辈的任务，原本“养儿防老”的观念自然而然地衍生出“养孙防老”了：我帮你带孩子，一旦失去了行为能力，你就应该养我老。当在带孙问题上出现矛盾，一些隔代人准备抽身退出的时候，个别不肖儿女甚至说出：“你们可以不带孙子，以后等你们老了，是不是我们也可以不用管你们？”赤裸裸地绑架老人。如果把老人带不带孙子与管不管养老联系在一起，把亲情做成了一种交易，这种行为应该受到社会的谴责。

从法律的角度来说，父母有抚养子女直至成年的义务，与之相对应，子女也有赡养老人的义务。《中华人民共和国老年人权益保障法》《中华人民共和国婚姻法》等都对此作出了具体规定。如果遗弃父母，造成严重后果的，还可能涉嫌构成遗弃罪，要承担刑事责任。

即使没有法律的约束，从道义上来讲也是需要赡养父母的。古人云："羔羊跪乳尚知孝，乌鸦反哺孝亲颜。为人若是不知孝，不如禽兽实可怜。百行万善孝为首，当知孝字是根源。"自然界中的动物都懂得感恩，更何况中国传统文化也一直崇尚"百善孝为先"的理念！应该让老人在今后有限的时间里，不留遗憾地走完人生最后的里程。这也是作为子女对父母的最大孝道。所以，现在有些年轻人也提出："不让父母成为专职育儿保姆，是为人子女的基本义务。"

我们说，隔代人照顾孙辈是情义，而不是本分，也请年轻人多理解老人。

正因为如此，对于隔代人带不带孙子完全取决于老人的意愿。

16

我的隔代育儿生活

隔代育儿不是那么简单

如何与女婿相处

写给我的女婿

这是我在2009年12月27日发表在新浪博客上的一篇文章。

外孙子的爸爸、我的女婿对我有意见

大家看到这个题目可能感到疑惑，或者以为是丈母娘和女婿“闹意见”了，其实不然！是他对我正在写的书有看法。因为书的前几章没有将女婿在育儿过程中的重要地位凸显出来。女婿当着我的面没说什么，可是背后却与女儿悄悄嘀咕：“妈在新书里谈到如何养育铭铭时，好像没有我什么事情似的！”当女儿将这些话转告给我时，我不禁大笑：“咱这个女婿还真够可爱的，还会邀功了！为什么不当面和我说呀？！”说完我马上停止了笑声，一本正经地告诉女儿：“谁说我不写他了，后面我还要大写特写他呢！父亲在养育孩子过程中的地位谁也不能替代，父亲担负着与母亲明显不同的重要角色。同时，父子之间的交往具有母子交往所不能替代的独特作用。尤其是他对孩子的一些教育和潜移默化的影响也是你和我无

法做到的。”

我家的女婿是一个典型的上海人。虽然长得高大威猛，但是具有上海好男人的一切特点：疼老婆、爱孩子，也是尊重和关心丈母娘和老丈人的好女婿，孝顺父母和祖父母的好儿子、好孙子，是一个对家庭绝对负责任的好男人。

上海《申江服务导报》的记者对女儿做人物专访时，女儿谈起自己的先生，一点儿也不想隐藏自己的幸福，她说：“我先生非常适合我。有时候，我加班回家很晚，他会等我。那会儿，我脑子里还有议题，很想和人讨论，他会耐心地和我分析。他懂得用一种很自然的方式爱我。”

在铭铭成长的过程中，女婿充分显示了一个好爸爸的楷模作用。为了养育一个健康的孩子，女婿不但戒了烟，而且在生活上处处注意保持健康的生活方式。女儿怀孕期间，只要有空就陪着女儿去郊区散步，生活上给予细致周到的照顾和体贴入微的关怀。临产时也一直陪伴在女儿身边，给予了女儿最大的精神安慰。他的关心和体贴让女儿战胜了分娩时遇到的挫折和恐惧。孩子出生后，他在新生儿阶段就积极地参与了护理孩子的工作。正如我在《张思莱育儿手记》一书中所写的：

今天是星期六，女婿休息。当小王要给小铭铭清洗屁股、换尿布时，女婿提出他想给儿子清洗屁股、换尿布。这时，我才突然意识到怎么疏忽了父亲参与育儿的要求和责任了呢！

我马上让小王把孩子送到女婿手中。看到小外孙被他爸爸抱在怀里，一个是1米8多的大个子，一个是50多厘米的娇小婴儿；一个深情地、默默地注视着手中的宝宝，一个天真无邪地看着爸爸。爸爸抱着宝宝站在早晨洒满了金色阳光的屋里，这是一幅多么美好、充满了人间柔情的画卷呀！

只见女婿笨手笨脚地将儿子放在尿布台上，用他那双大手颤巍巍地将孩子的裤扣解开，把已经尿湿了的纸尿裤打开，取下纸尿裤并且包裹好扔到尿布专用桶内，然后女婿小心翼翼地让孩子躺在他的右臂膀上，将衣服的小裤腿压在孩子的身下，右手提着孩子的双脚，左手拿着海绵在孩子专用洗屁股的小盆里撩起水来清洗着孩子的小屁股。别看是五大三粗的汉子，可是给孩子洗得还真仔细：孩子的小鸡鸡、肛门、腹股沟处一一按前后顺序仔细地清洗，然后又用干毛巾一一擦拭干净，放在尿布台上薄薄地撒上少许以玉米粉制作的婴儿爽身粉……女婿用手将爽身粉涂抹均匀后，才给孩子穿上纸尿裤。我在旁边告诉他，纸尿裤一定要兜在肚脐以下，防止尿液浸湿了肚脐引起感染……女婿一一照办了。这时我发现他没有把纸尿裤两边的纸边缘外翻出来，我提醒他必须将纸尿裤两个纸边翻出来，否则尿液会从侧面渗漏出来的。虽然是冬天，但女婿还是紧张得脑门上渗出了滴滴汗水。做完后，女婿笑着对我说：“其实做起来并不难，就是我总怕自己粗手粗脚地碰坏他哪儿，因此就很紧张！”

“你做得真不错，比我想象中的要好几倍！继续努力吧！”我发自内心地夸奖着他。

铭铭在成长的过程中凡是具有刺激性、需要一些力量的游戏都由女婿来完成。我在那本书中也记载了他和孩子的这段经历：

女婿工作了一天，下班回来已经很疲劳了（女婿几乎天天工作到深夜1～2点），可是一进门，看到小铭铭后马上喜笑颜开，立即说：“我马上去换衣服，洗干净手，让铭铭坐飞机。”

所谓的“坐飞机”，就是让孩子俯卧在大人的一只手臂上，大人的前臂托着孩子的腹部及前胸，孩子的双腿放在大人手臂的两侧，大人的另一只手拉着孩子靠近大人一侧的手。这时可以伴随着音乐轻轻地摇动孩子，或者带着宝宝转圈。铭铭非常喜欢大人带他做这项游戏，常常在“坐飞机”的过程中高兴地大笑。在这项游戏中孩子努力抬头，训练了背部和颈部的肌肉。同时，孩子抬头观看四周环境，开阔了视野。俯卧时腹部承受着均匀的压力，孩子感到非常舒服。尤其是大人还在欢快地哼唱，随着节奏不断地变换着，孩子就像小鸟一样欢快地“飞翔”。这项游戏训练了孩子的空间知觉，也刺激了前庭系统，锻炼了孩子的平衡功能，是一项不错的感觉统合训练。

今天女婿让孩子玩“坐飞机”变了花样，改称“发射火箭”。他让孩子仰卧在他的右前臂上，孩子的头放在右手掌中，臀部和后背躺在他的右前臂，双腿放在他右前臂的两侧，女婿用左手拉着孩子的右手，孩子的左臂自然地伸开了。女婿深情地注视着儿子，嘴里哼着节奏鲜明的曲子开始缓缓转圈，左一圈、右一圈，孩子咧开嘴笑了。一会儿停止转圈，女婿的右手臂向后缩，然后像火箭一样快速向前送出。刚一开始可以看得出来孩子有些紧张害怕，这是一种本能的、带有反射性的恐惧，毕竟仰面躺着和俯卧的感觉是不一样的。对于小婴儿来说，从高处落下，身体位置突然改变都会引起孩子本能的恐惧。但是随着女婿不停地重复这一动作，小铭铭逐渐放松了，大概是出于对爸爸的信任，还是咧开嘴笑出了声。看得出来小铭铭很喜欢与爸爸玩这个游戏。

……

送铭铭上幼儿园的任务女婿自告奋勇地承包下来。不管前一天夜间工作到多晚，他每天早晨必会按时起床，按时送铭铭上幼儿园，为此女婿每天都要提前1小时到公司。赶上女婿出差由我送铭铭上幼儿园时，在去幼儿园的路上，我发现多是妈妈、阿姨和隔代人送孩子。由爸爸送孩子去幼儿园的真是很少。不难想象，一个1米8多的大个子爸爸拉着一个连跑带颠的小男孩，走在通往幼儿园的路上，该是一道多么亮丽的风景！

由于女儿工作非常繁忙，经常需要出差或加班，于是带孩子去雅马哈音乐学校、参加轮滑训练班就又成了女婿周末的专项任务。为了让铭铭更好地学习轮滑，女婿也买了一双轮滑鞋与铭铭同时参加训练。

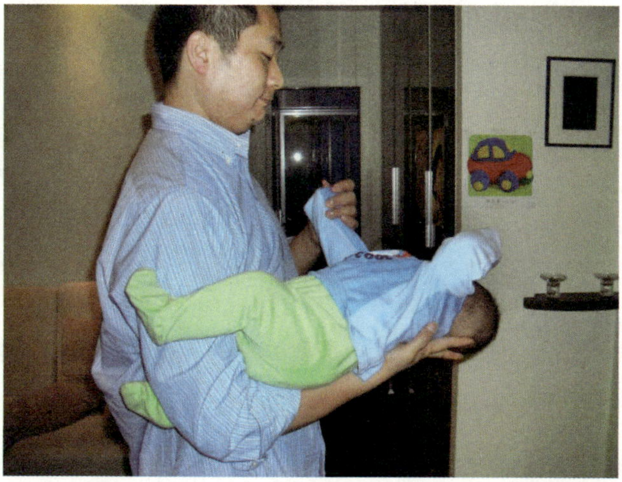

爸爸与铭铭玩“发射火箭”的游戏

平时一些建构性的游戏和玩具都是女婿带着铭铭一起玩，在玩的过程中也会不厌其烦地给他讲解其中的一些科学道理，其耐心程度一点儿都不亚于女儿。当女儿周末有工夫时，女儿和女婿就带着孩子去海洋馆或郊区去游玩。每当看到女儿一家三口快快乐乐、亲亲热热，作为丈母娘的我打心眼儿里感到高兴和舒心。

对于铭铭的教育，女婿是最主张放手的。他认为我照顾铭铭过于周到和谨慎了。他常常说，有一些看似危险的事情，只要大人在身边，不妨让孩子试一试，吃了一次亏，下次他就接受教训了。对此我却不认同，因此我们常常在教育铭铭的问题上产生一些分歧。虽然最后常常是以我为胜利一方而结束，但是我心知肚明，女婿是因为尊重我，不愿意让我不高兴才让步的。所以我在《完美父母》杂志主编采访我时吐出真言："说句心里话，不知道为什么对铭铭就不像当初对女儿那样放手和严厉，有时不自主地就多出了一只手，总喜欢帮他一下。而且总是拿我在工作中遇到的一些意外事例作为警示例子，因此不自然地就限制了铭铭的一些自由和放手的机会。虽然从专业角度来看，这样做不合适，我也一直告诫自己不能这样做，但是真的有时候就是不自觉地想帮助外孙子一下。说白了，恐怕就是对外孙子有些溺爱，其实自己心里是明白的！"

只要是铭铭与爸爸一起外出，碰到邻居小朋友时，铭铭都会指着爸爸说："你知道吗？他是我的爸爸！是不是很帅呀？！"脸上显示出一股骄傲自豪的神情。因为铭铭永远认为爸爸是最伟大、最帅的，是个什么问题都能解决的大能人！可不是嘛！正因为铭铭和他的爸爸十分亲，女婿要是出差几天，铭铭就会反复地问我："爸爸什么时候回来呀？我想爸爸

女儿、女婿和哈佛大学校长合影

了。”当见到爸爸出差回来，铭铭马上就会跑过去给爸爸一个热烈地拥抱和亲吻。你说，父子之间的依恋关系是不是建立得很好！

也许你会认为女婿的工作很轻松，非也！女婿的工作确实很忙，但他一直说：“培养好下一代是我义不容辞的天职。”即使工作再忙，也会挤出一切可能挤出的时间来陪伴家人和孩子，他认为这是作为一个丈夫和父亲不可推卸的责任！

从心理学和教育学角度上说，父子之间的交往与母子之间的交往内容和方式是有所不同的。一般来说，与孩子游戏的时候，父亲更喜欢做大运动游戏，而且偏重于肢体运动和触觉上的游戏。这些游戏花样繁多，新异且具有很大的刺激性，非常容易激发孩子的兴趣，引起孩子的兴奋，提高孩子对外界反应的敏感性。同时，孩子从爸爸那里还获得了情感上的满足。

稍大一些的孩子在游戏时往往更希望和父亲在一起，因为父亲是他最好的游戏伙伴。在与父亲的游戏中，孩子不但能够积极参与，而且学会了合作和平等的交往。当游戏出现困难时，爸爸一般都鼓励孩子自己去尝试解决问题，拓宽了孩子的思维，培养了坚韧不拔的毅力。

父子之间的交往还满足了婴幼儿早期心理发展的内在需要。教育研究表明，由父亲带大或参与带大的孩子具有积极的个性品质，独立性比较强，处理问题坚韧、自信、果断。

父亲是男孩的性别认同榜样，男孩可以从爸爸那儿学习男子汉的阳刚之气，女孩也会从父亲那里学习如何与异性接触和交往。

小外孙恒恒的画描述了爸爸送他上幼儿园的情景

父子之间的交往也有助于提高孩子的社会交往能力，丰富孩子的社会交往内容，使孩子学习更多的社会交往技巧，有助于孩子以后与小伙伴的交往，乃至于将来更好地处理人际关系、更好地融入现实社会中去。

同住一个屋檐下，哪有锅碗不碰盆的

正如我的文章所写，我家的女婿是上海人，谁都知道上海男人是最顾家的。女婿原来是上海交通大学的毕业生，毕业后一直在外企工作，曾经在德国工作了几年；女儿是北京大学的毕业生，毕业后一直在麦肯锡公司做咨询顾问。相同的教育背景以及相似的工作经历，使女儿、女婿成为大家公认的、天造地设、十分般配的夫妻。

女儿是我的独生女，不管她多大，在父母的心中仍然是小孩子。所以我们夫妇两人总想时时、处处、事事帮助她。记得当初女儿从美国麦肯锡总部纽约办公室转回国后，留在上海麦肯锡办公室上班，她在上海租住的房子，还是心疼女儿的我去上海一家家看房帮她租下来的，一些生活用品也是我一件件帮她购置的。一切安排妥当了，我才回到北京。后来，我一直在北京与先生一起生活。女儿结婚后，直到她临产前10天，我才在她一再要求下，为了照顾他们母子，到上海与女儿一家住在一起。

虽然女儿和女婿的结合被人们称赞，但是作为丈母娘的我，仍然有所顾虑，尤其要与他们住在一起。女儿、女婿组成的新家庭，也是两个不同原生家庭的结合。他们各自带着自己原生家庭的一些价值观、生活习俗等生活在一起。我与他们住在一起，朝夕相处，很多生活观念、行为方式等不可能完全一致。尤其女婿颇具上海人心细入微的特点，作为将要与他们一起生活的北方丈母娘，确实有所顾虑。尤其是了解我的人都知道，我属于比较强势的人，生活上虽然不马虎，但也看不上特别顾及细枝末节的作为，看不惯女婿过于心细的特点，将芝麻大的一点儿事看得过重。而且，由于多年做科室主任形成了雷厉风行的管理风格，以及长期医生职业养成了严谨的工作作风，往往也会把它带到生活中来，像管理科室一样不由自主地指责他们的一些懒散、不规律的生活习惯。说实在的，我能够与他们融洽地生活在一起吗？我心里也直打鼓。

作为母亲，我很心疼女儿，也希望她生活得美满幸福，这是天下所有父母的愿望。可毕竟我与女婿还是隔着一层，感情并不深。只不过因为我和女婿两个人都深爱着一个人使得我们相识。同住一个屋檐下，哪有锅碗不碰盆的？矛盾不可避免。考虑到这一切，我怕因为我的一些言辞和做法与女婿产生矛盾，影响他们夫妻之间的感情。人们常说，翁婿之间、婆媳之间的关系是最难相处的，我信奉的一条原则就是“距离产生美”。心想，尽量远远离开他们，不要参与到他们生活中去；更不能太近乎，否则产生了矛盾很难解决，也会影响他们夫妻之间的感情。所以我对女儿说：“我只侍候完你的月子就回北京。”女儿做完42天产后检查，我对女儿说：“我要回北京。如果你觉得带孩子没有经验很辛苦的话，我可以将孩子带回北京，由我和你爸爸帮助你带孩子，也减轻你们的负担。”结果遭到女儿的拒绝，理由是：“妈，您不是说需要和孩子建立亲子依恋关系吗？为什么您让我和孩子分离？”一句话，又把我顶回来了。因为爱护女儿和外孙子心切，我只好对女儿说：“我就给你管到1岁，1岁后我还是回北京。”我真的怕与女婿处不好关系，进而影响他们夫妻关系。

正如《广州日报》刘丽琴的一篇文章《“翁婿战和”为现实提供解决方案》中所述：“从感情上说，婆媳、翁婿本来都是陌路人，毫无感情可言，只是因为儿子、女儿的关系，使他们相识。这种半生不熟的关系，牵扯上各自最亲、最在乎的人，加上各种差异，同住一个屋檐下，矛盾不可避免。解决起来更是千古难题。”

随着时间的推移，我发现我的担心多余了。女婿用他所做的一件件事情彻底打消了我的顾虑，也让我一次次反省自己。

记得女儿在孕41周因为没有任何动产迹象，必须住院催产中断妊娠。使用催产素2天后，我发现胎心逐渐变缓，考虑胎儿可能有宫内窘迫，作为儿科专家的我，立即找到夜班值班医生，要求顺产转剖宫产，不能迟疑。医生答应了我的要求，即刻准备上手术室做剖宫产。这样就需要由原来产休一体的病房搬到产休室。我在《张思莱育儿手记》一书中是这样写的：

于是手术前的准备工作开始，备皮、插尿管。女婿很紧张，哆哆嗦嗦地在手术同意书上签了字，然后等待手术室来人接走女儿。我告诉女婿不用紧张，所有医生在做手术之前都会将手术可能发生的所有问题一一列在手术同意书上，哪怕只有万分之一的可能，都要明确地告诉家属或者患者，这是医院必须履行的工作程序，也是医生的工作职责，没有必要紧张，更何况这个手术无论如何也是必须做的。也许自己是医生的缘故，对此我内心十分平静，能够坦然面对。

病房护士通知我，女儿回来后要换病房。于是我急急忙忙收拾东西，准备和女婿一起换房间。这时，女婿对我说："沙莎现在需要我，我得在她的身边！"女婿跑到女儿身边，我看到这小两口儿四只手紧紧地握在一起，深情地互相望着，女儿眼里含着泪水。是呀！对于剖宫产手术，女儿肯定很害怕，在这时丈夫的安慰恐怕比妈妈的安慰更重要。女婿做得十分对！我很欣慰女婿是这样一个懂得体贴妻子的人！

可能与我长期在医院工作有关，我没有把女儿手术的事当成一件大事，认为自然产改为剖宫产是很平常的一件事（女儿常常说我是职业麻痹），一般不会有什么问题，所以从来没有认为这是一件紧张可怕的事情，但是对于一般人来说，这可是一件天大的事情！我再一次体会了老百姓的就医心理，确实应该换位思考呀！

通过女婿这次的表现，在我这个丈母娘心中留下了好印象。后来在2个外孙子生后2年中与他们同屋不同床的日子里，夜间起来给孩子换尿布、喂奶（人工喂养）、安抚孩子继续睡觉也都是女婿完成的。2个外孙子从来没有发生过尿布疹，其中很大的功劳就是女婿夜间细心的照顾。由于女儿工作非常忙，早出晚归，还经常出差，所以每天早晨都是女婿送2个孩子去幼儿园，然后他再去上班。幼儿园开展的亲子活动，也多是女婿参加。在这里，女婿的心细恰恰成了他特别大的优点。我心中暗暗提醒自己：女婿心细有什么不好？！对什么事情都要辩证地去看。

女婿参加小外孙恒恒的幼儿园活动

恒恒参加幼儿园组织的亲子活动

在处理和女婿的关系时，我也常常反思：如果女婿有一些我“看不惯”的行为表现，换成是女儿所为，我还会对女儿“另眼看待”吗？为什么女儿的缺点我就能容忍，还千方百计为她解释，而女婿的“缺点”我却不能忍受呢？为什么女儿顶撞我几句，我很快就烟消云散，忘到脑后了？为什么我总记得女婿偶尔说了句不好听的话呢？十个手指还不一般齐呢，为什么我就偏偏要求女婿十全十美呢？是不是自己对女婿太苛刻了呢？为什么不多想想女婿的优点呢？……在平时谈话中，我只要流露出什么愿望，包括无意识谈到什么东西好，女婿都会不动声色地很快给我买来，而且一定要给我买最好的。我想亲生女儿也就如此吧！

什么事情都需要换位思考，想到这一切，对女婿的所有戒备一一释怀。平时在生活中，像关注女儿的喜好一样去关注女婿的喜好，凡是女婿喜欢吃的，我都要买回来给他做着吃；凡是需要我帮忙的，我一定会尽心尽力去帮助他。如果女婿偶尔说了句我不爱听的话，虽然有时也生气，但是一想，女儿不是也有时这样顶撞我嘛，因此对女婿的意见也会很快烟消云散。生活中我比较尊重女婿的生活习惯，注重多看女婿的优点。凡是我认为他做得不合适的地方，我也会以给孩子立榜样为前提给他提出来，这样他也比较好接受。例如，女婿有个习惯，就是一到吃饭时就喜欢浏览手机上的微信，我特别反对。因此我提醒他，要给孩子立榜样，因为孩子9个月以后延迟模仿开始形成，一旦你给孩子立了吃饭就看手机的习惯，孩子以后就有可能模仿你。吃饭就是全家一起团聚的时候，其乐融融的最好！你可以与孩子进行交流，了解孩子的学习和思想情况，这也是与孩子加深亲子依恋关系的最好时刻。女婿听我这样一说，立刻就放下了手机。当然一旦养成习惯，也是很难纠正的，需要我常常提醒他，好在我家女婿只要提醒就会马上放下手机。

就这样，我在女儿、女婿家生活得非常融洽，一直在上海待了15年。

父亲的视野——外孙子的3次游学记

“河流·孩子”大型公益活动

女婿是一个热衷于参加公益活动的人。我记得大约是2015年7月，考虑到大外孙子的日常生活太舒适了，不知道什么叫苦，也不懂得穷是什么滋味。为了培养大外孙子言行端正、吃苦耐劳的品格，同时培养孩子公益之心，更为了对孩子进行挫折训练，以便将来更能适应社会，女婿提出要带着9岁多的大外孙子铭铭（三年级学生，即将进入四年级）去宁夏固原市泾源县参加“河流·孩子”大型公益活动。

“河流·孩子”是汇添富基金和上海第一财经于2008年起联合打造的公益品牌与公益平台。

为什么叫“河流·孩子”？源于“有河流的地方就有村庄，有村庄的地方就有孩子，有孩子的地方就有希望”这一理念。在中国的广大乡村地区，由于地方财政极为有限，学生仍在简陋破旧、阴暗潮湿的危房中学习和生活。硬件设施的不足，严重影响到正常教学活动的开展；缺乏寄宿条件更令不少学生不得不走上数小时的山路求学。

“河流·孩子”助学计划以援建“添富小学”为基础，与地方政府携手建立起现代化的示范学校，让更多乡村学生享受到与发达地区同等的硬件教育资源。在捐建“添富小学”、改善受助地区教育硬件设施的基础上，开展优秀青年教师培训，同时辅以“添富之爱”助学金和奖教金等项目，旨在促进和实现教育机会的均等和教育资源的合理分配。

女婿为了让大外孙子铭铭了解到我国一些贫困农村孩子生活的贫苦，以及求学的艰辛过程，不但捐助了助学的资金，而且决定带着铭铭跟随这个公益组织去宁夏固原市泾源农村生活一段时间，进一步了解贫困农村的现状，体验当地生活的艰辛。因为他们是从上海到北京，再从北京去宁夏。为了支持女婿带着铭铭去体验我国贫困地区孩子们的生活，以及帮助当地的孩子们学习，我在北京买了很多学习文具和一些书籍，让他们带去送给当地的孩子们。对于贫困地区学生而言，书包、铅笔、橡皮、削笔刀这些日常的文具，以及各种图书都是很珍贵的。

泾源县是国家级重点贫困县（2019年退出贫困县序列），当地老百姓生活贫苦，学校设施和文化生活的缺失十分严重。学生虽然深知“知识改变命运”的道理，普遍学习刻苦，但除基本的教科书外，几乎没有课外读物、教学辅导用书和工具书，使他们在学习上不得不“先天”地落后于城里的学生。对于连温饱问题都尚未完全解决的贫困农村家庭和办学经费捉襟见肘的学校而言，购买书籍带来的额外支出令他们无力承担。孩子们渴望知识，渴望村庄以外的信息。但是，大山挡住了他们的脚步，挡住了他们对外面世界的向往。“河流·孩子”大型公益活动搭建了一条通往外部世界的桥梁，随着视野的拓宽，学生对环境的认知将有所改变，他们将更有可能赶上社会快速发展的步伐。

铭铭与女婿走访了当地的学校和贫困家庭。铭铭带着这些学习用品和图书送给当地的小朋友，让当地孩子们感受到社会的关爱，鼓励他们把更多精力投入到学习和个人发展中。在走访过程中，铭铭看到的是当地孩子的生活和读书环境，其艰苦程度令人难以想象，一些家庭家徒四壁，甚至人与家畜共居。铭铭回来后和我谈起时，十分感慨。铭铭也明白大千世界不但有美食和高楼，还有贫困和落后，这更激励他好好学习。虽然对于这么大的孩子还不可能有什么普惠天下的远大抱负，但是起码教育了铭铭要珍惜现在所拥有的，并尽可能去帮助别人。

女婿还让铭铭参加了给当地孩子们讲外面世界的课堂教学，以开阔当地孩子们的视野。记得铭铭回来告诉我，他在课堂上给孩子们讲述如何玩斗兽棋，还有模有样地先在黑板上画出棋盘，像一个正规的小讲师一样，拿着一根小棍，指点着他在黑板上画的棋盘。孩子们真是喜欢，下课后一群孩子围在铭铭身旁学习，铭铭一次次反复教授并让孩子们进行演练，十分耐心。要知道，当地的孩子们从出生到上学只了解自己的村镇和学校，并不了解外面的大千世界，更不了解这些城市里孩子玩的棋盘游戏。孩子的天性也促使他们更乐意接受这些有趣的知识，激发他们的想象力和创新思维。

铭铭给泾源当地的孩子们讲授斗兽棋

亲子中原行游学

为了让铭铭了解中华民族优秀的文化传统，以及中华民族发展的历史，让孩子知道今后无论自己走到哪里，都不要忘记自己是炎黄子孙，女婿又带着铭铭参加了“中原文化寻踪之旅”。这是由上海好字在文化传播有限公司组织的活动。自甲骨文诞生，中国汉字历经金文、篆书、隶书、楷书等演变，如今已是中国文化的活化石，成为传承中华文明的重要载体。但是随着电脑以及手机的普及，导致很多孩子忽略了对于汉字的学习，往往提笔忘字，更是错字连篇。记得我上小学时，学校的课程中有“大字课”（即书法课），孩子们是要用毛笔蘸着墨汁学习写字的。现在有的小学已经取消了这门课，孩子们也缺乏了学习汉字，尤其是学习书法的热情。再加上现在办公很少是手写文章，所以往往看到一些大学生的手写字真的很难看。正如“好字在”创始人黄辉所说：“中国人不缺乏文化情怀，缺乏学习文化的优质渠道与方法。学中国文化不是刻板地读《弟子规》，汉字的普及离不开古人的知识和智慧。可目前市面上的汉字教育不仅晦涩难懂，与生活没有关联，而且不成体系，很难给人留下深刻印象。”他在《创业邦》的一篇文章中也谈道：“……千百年来的应试教育，大部分中国人学习汉字的方法，基本是死记硬背，加上熟能生巧。现在一年级的小学生，还是通过抄写来识字，对于字的解释还是不清不楚。汉字是一个体察中国文化最好的抓手，如果能将汉字与生活联系在一起，让孩子们了解到字的来源和内在关联，就可以更好地感知世界。”因此“好字在”将汉字作为中心脉络，以汉字思维与寻根汉文为核心，衍生出汉字科普读物。

于是，女婿带着铭铭参加了“亲子中原行游学”。中原多指以河南洛阳至开封一带为中心的黄河中下游地区，曾是我国古代很多朝代的古都所在地。河南一带也是自三皇五帝到北宋时期的政治、经济和文化中心，是中华文明和中华民族最重要的发源地，是华夏民族早期主要居住地。从中国历史上第一个王朝夏朝在这一带建都起，先后有夏、商、西周、东周、西汉、东汉、曹魏、西晋、北魏、隋、唐、五代、北宋和金等20多个政权在此定都。女婿带着铭铭去了夏商故都郑州、商都安阳，还有古都洛阳和开封。

女婿带着铭铭参观了安阳的殷墟，让外孙子了解中国文字的起源以及中华民族灿烂的历史文化。殷墟以发掘甲骨文而闻名于世，出土了大量都城建筑遗址和以甲骨文、青铜器为代表的丰富的文化遗存，系统地展现了中国商代晚期辉煌灿烂的青铜文明，被评为20世纪中国“100项重大考古发现”之首，也被联合国教科文组织列入世界文化遗产名录。2018年10月11日，又入选“全国中小学生研学实践教育基地”名单。

文字是人类记录思想、交流思想的符号。汉字是我国独一无二的文字，也是世界上主要文字之一。从世界文字历史看，我国汉字是世界上传承时间最长久的文字，也是世界三大最古老的文字体系之一。甲骨文作为我国汉字的鼻祖，是汉字的前身。我们知道，中国文字具有象形字特点，在甲骨文时期就已经具备了“象形、会意、形声、指事”四大造字原则，展现了中国文字的独特魅力，对几千年以来中国文字的传承产生了根本性的影响。

铭铭回来给我讲述了参观殷墟的所见所闻，包括甲骨文、马车、青铜器以及殷墟建筑，十分感叹我国古代人民的勤劳与智慧。他把所见用生动的语言娓娓道来，也吸引我去搜索殷墟的有关资料。我和铭铭又一起看着这些资料进行讨论，获知殷墟的车马坑出土的文物证明了我国是世界上最早发明和使用车的文明古国之一。殷墟出土的商代马车，大量使用青铜构件，独辕双套双轮，结构精致复杂，体现出高超的机械、青铜铸造等复合技术。其青铜制品上精致的几何条纹和形形色色的图案，以及丰富多彩的动物形象，展现了它特殊的艺术魅力！殷墟王陵遗址出土的商后母戊鼎，是世界上最负盛名的青铜礼器，高达133cm，口长110cm，口宽79cm，重量达832.84kg，是至今世界上发现最大的铜器鼎。殷墟的青铜器展现了中国青铜时代发展的巅峰景象，在中国古代文明史上占有重要地位。

殷墟的建筑具有高大的城墙、威严的宫殿，特别是严格的“中轴线”布局，成为数千年来中国历代城市的特征。外孙子十分感慨地对我说：“我现在知道了，为什么我们国家不少城市建设都是按照中轴线来布局的，这里同样渗透着中华传统文化。”

为此，女婿还赋词一首。

（谨以此阙缅怀东京汴梁的绝代风华，游学河南开封。）

《如梦令·汴州怀古》

清明上河庙颂，
转眼黄土千重。
繁楼笑东风，
铁塔悬河荒冢。
回首，回首，
千年汴梁一梦。

铭铭也紧接着爸爸所赋的词写了一首：

《忆江南·游开封》

开封景，

名胜好惊艳。

铁塔千波推不倒，

悬河浊浪似无边，

好景美而绵！

中华文化源远流长、灿烂辉煌；中华文化又是民族的血脉，是人民的精神家园。这次参观游学让外孙子深深感受到中国文化的博大精深，同时又进行了一次爱国主义的教育。我不由得从心里佩服女婿的做法。

内蒙古上都湖研学

为了让外孙子进一步了解我国是一个多民族的国家，不但地大物博，而且各个民族都有着自己的优秀传统文化，各个民族都团结在一起为我国的繁荣富强共同奋斗，女婿趁着暑假再次带着已经在国外念书回国休假的大外孙子和刚刚7岁的小外孙子奔赴内蒙古上都湖，“穿越”700年，去探索游牧民族文明发展历史的轨迹。看看游牧民族是如何兴起和繁荣的，体会草原的风韵以及丰富有趣的传统文化；体验沙漠的旷世之美，亲眼看看星空的壮丽和百年的榆林。在内蒙古上都湖，他们进行挖掘考古、修复文物；骑马射箭，插花比赛，制作根雕；夜间观星，篝火晚会；寻找小动物，绕湖游览；品尝当地少数民族的食品；环湖自行车比赛；参观元上都遗址博物馆；观看那达慕蒙古族摔跤；荒野植树；还学了蒙古族的八思巴文。

大外孙子为此赋诗一首：

《元上都怀古》

万里帝国何等壮举？
区区百年变回荒域。
曾时元朝皇都城邦，
弹指之间变成废墟。
江山王位钱财美女，
友亲倒戈何不因欲？
你方唱罢我又登场，
英雄豪杰来来去去。

刚上一年级的小外孙子也写了一段日记：

今天，我去田野考古了！我找到很多的小陨石，也找到一个绳纹陶片，李老师说这个真的不是他埋的。这个小陶片是真古迹，距今3000多年了！李老师告诉我要好好藏起来。我觉得考古很辛苦，但也很有意义。更重要的是，它可以让我发财。

我不禁偷偷掩口而笑，童言无忌呀！

恒恒在草原上拉弓射箭

铭铭在草原上拉弓射箭

这次到内蒙古的深度体验文化游学，让两个外孙子感触很深，再次受到爱国主义的教育，正如歌曲《爱我中华》中所唱：

五十六个星座五十六枝花，
五十六族兄弟姐妹是一家，
五十六种语言汇成一句话，
爱我中华！爱我中华！爱我中华！

我也希望我的两个外孙子，今后无论走到哪里，都不要忘记自己是中华民族的子孙，爱我中华！爱我中华！

女婿和女儿非常热衷于公益事业。现在，女婿作为一家投资公司管理合伙人，更热衷于为大学生创业进行投资，多次作为大学生创业项目论坛的评委帮助这些大学生出谋划策，为大学生做训练营，安排创业实习和一对一辅导，致力扶植、培养并投资帮助贫困大学生创业项目。因此，不少大学生在他们的资助下走上了创业道路并获得成功！他们已经成功孵化了20个大学生校园创业项目，其中5个项目已经拿到专业投资机构天使轮/A轮的投资。女婿的公益之心确实让我佩服。

17

隔代育儿不是那么简单

我最想对女儿说

我的女儿是个女强人

女儿是一个事业上的女强人。她从小就是一个争强好胜的人，只要是她想做的事情或者她负责的事情，就一定要求自己做到最好，做不到十全十美也要必争最好。所以，她在上学期间一直是妥妥的学霸，也是学校各项工作以及活动的积极参与者。

至今，女儿不断地作为经济领域嘉宾受邀参加各种电视节目。2019年，在北京钓鱼台宾馆召开的由国家网信办指导成立的中国数字经济投融资联盟中，女儿被聘任为专家委员会委员。女儿又在刚召开的第六届世界互联网大会·乌镇峰会主持了“高峰对话Ⅱ数字经营与智能生产的挑战”论坛。按人们一贯的思维，都会认为女儿是一位事业上成功的人士了。

可是近来我发现女儿时不时地唉声叹气，偶尔也感叹：“我的工作上升空间已经不大了。”焦虑情绪偶尔也会冒出来。作为母亲，我太了解我的女儿了：女儿是工作狂，工作起来大刀阔斧又不失具体小节，细致周到；对下面的员工更是温柔体贴。但是随着两个儿子长大，尤其是大儿子

女儿作为特邀嘉宾参加国资委举办的第五届中国智慧城市博览会

女儿主持第六届世界互联网大会·乌镇峰会论坛

已经14岁了，正处于青春期叛逆阶段，时不时会冒出这样或者那样的问题。小儿子刚进入小学读书，也面临着一些适应的问题。两个孩子成长中的烦恼也困扰着女儿。因此在工作之余，还要为自己的两个孩子操心。虽然女婿也在帮助她，但孩子的教育她必须亲力亲为。我不由得猜想：是不是女儿也像我接触到的其他家长一样，进入到中年，在事业发展上遇到了瓶颈，产生了各种各样的焦虑？是不是两个孩子成长过程中出现的一些问题也时时困扰着女儿？……对于女儿近来的情绪变化，我看在眼里，担忧在心里。可是我又想，女儿有焦虑的情绪不在家发泄让她去哪儿发泄？工作中总会有不顺心的事情，压力大了，情绪自然会不好。是不是我想得多一些了？我能不能替她分忧？

回想我的中年，用奋斗经历与女儿交谈

回想自己的中年，我也曾经历了人生的这个过程。想当初，由于家庭出身不好，大学毕业后我被分配到农村县医院。当父亲平反，我从农村县医院调回北京时已经38岁了。当时面临着已经衰老的父母，还有正在上学的女儿。调入到一家新的医院不但要熟悉新的环境，尽早适应新的工作，还要获得患者、同事和领导的认可。同时，也面临着职称的评定、论文课题的选择和完成，工作压力是很大的。我也曾产生不少的焦虑，尤其是后来我被提升为儿科主任，开始为医院组建儿科病房，可以说是白手起家，更是困难重重。

我所在的北京中医药大学附属中西医结合医院是教学医院，必须有儿

科病房，而且建病房只能成功不能失败！可想当时我面临的压力有多大了！建好了儿科病房后，还要制定儿科病房的各种规章制度，进行医护人员的培训、科室设备的安置，这都需要一件件完成。为此，我一次次拜访当时的医学界著名专家们，如秦振庭教授、鲍秀兰教授、叶鸿瑁教授、罗凤珍教授、虞人杰教授等，请他们来医院指导工作，同时完善科室的建设和人才的培养。

为了提高自己的业务水平，我还想办法通过同学推荐，参加北京儿童医院吴明昌教授的查房；还向当时《新生儿》杂志负责人秦振庭教授和虞人杰教授主动请缨利用一周中的一个半天去编辑部学习，帮忙整理稿件。这样我可以有更多的机会接触前沿的专业知识和医学界的专家们。每次各个编委（都是各个医院的儿科著名专家）开会讨论稿件时，又成了我学习和提高的好机会，用以弥补我在农村县医院近15年忽视的理论学习和专业上的不足。

为创建爱婴医院，我一连几天吃住在医院，24小时连轴工作。最后爱婴医院是通过验收了，我却累得胆结石发作、胆总管堵塞，还出现了黄疸，必须住院治疗，最后不得不做了胆囊摘除手术。

在20世纪80年代后期医院体制改革中，谁都知道儿科在综合医院是最不受重视的科室。投诉多、工作累，医护人员奖金都很低，因此人心波动。为了留住医护人员，也为了医护人员业务水平的提高，我又与院长商量开展新的业务——送医生、护士外出进修，回来后为医院开展促进儿童早期发展的新业务。当我们医院的儿童早期发展业务建立起工作室后，中央电视台还进行了采访。（可惜我退休后，儿科病房被解散了，储备起来的人才也纷纷离开儿科或者被调走了。当后任院长对我说“张主任，你要在，儿科病房还解散不了呢”时，我心里别提多难过了。辛辛苦苦建立起来的儿科病房就这样轻而易举地被解散了。通过这件事也说明为什么我国儿科发展举步维艰了，因为人才短缺！）

事业上的一次次成功，与我付出的巨大努力有关。但此时，我的父母又先后患上了阿尔茨海默病。女儿也已经上了高中，马上面临着考大学。可见当时工作的压力和家庭的重担有多大，正如有的文章写的：老人是天，孩子是地，你就必须顶天立地。其实，人到中年，除了顶天立地之外，还必须努力工作，强壮和提升自己。中年人除了需要积累经济资本，还要积累人脉资本、业务资本；必须锻炼自己，让自己全身“肌肉”粗壮有劲，才能成为真正顶天立地的人。好在，我在工作中喜欢不停地寻找新的前进目标，不断督促自己克服一个个困难，实现自己的人生价值。说实在的，要说当初我没有无奈和困惑是假话，但是我认为自己最大的优点是不断开辟新的思路走出困境，乐观对待工作和生活。所以，有的时候我不断用自己中年时的奋斗经历与女儿交谈，以身作则为女儿树立榜样，目的也是为了激励她缓解焦虑的情绪。

如何度过自己的下半场

确实，女儿这一代大多数是独生子女，与我当年是不同的。当初照顾父母，我还有哥哥姐姐帮忙，有困难就与他们商量，他们也会时不时地过来帮忙。而且子女上学的费用并不高，孩子也没有那么多兴趣班要上，对于当时我们这一代人是完全可以承受的。为了让家庭生活困难的孩子能够上学，国家还设有不需要偿还的助学金（不是现在的助学贷款），完全不需要为孩子们上学的费用担心。单位的哺乳室、托儿所以及幼儿园收取的费用相当低，职工都是有补贴的。住房是单位分的福利房。生病有公费医疗报销，更何况那个时候的医疗费用是很低的。但是对于女儿这一代独生子女，他们买房需要还房贷，人到中年面对着日渐衰老的父母（因为是独生子女，只能自己独立承担赡养责任，结婚后还面临着双方的父母照顾和抚养的问题），正在成长却需要竭尽全力照顾的子女，各项社会福利设施又没有跟上，遇到孩子上幼儿园困难、升学压力大等问题，我们这一代父母必须付出很大的精力去指导和在经济上援助他们。

同时，他们还要努力去应对工作上一个又一个困境。不像当初，我们端的是“铁饭碗”，只要不犯大的错误，是绝不会丢掉“铁饭碗”的。而这一代年轻人处在一个竞争的年代，“铁饭碗”是没有的，工作压力之大是我们无法想象的。一旦工作不顺，随时都有可能被“炒鱿鱼”。中年的困惑不可避免，这些我都能理解。

因为我和正处于中年阶段的家长们接触最多，我太理解他们在养育孩子、照顾父母、工作压力下产生的困惑和焦虑，以致很多人不愿意再要第二个孩子了。帮助他们走出困惑和焦虑的怪圈，也是我作为走过来的隔代人应该做的。

2019年9月的一期《环球时报》在《聊起“中年社会综合征”，这些国家也困扰》一文中谈道：从20世纪80年代开始，“中年危机”这个概念就已引起西方学界的广泛关注。当中国大叔调侃着“人到中年，不能怂”或“人到中年不如狗”时，《环球时报》驻外记者的调查发现：一些日本“中高年龄者”有的沦落为“宅男”，但也有的干脆尝试跳槽；美国中年人是思考如何“取悦”自己；而德国人则高度警惕着“中年社会综合征”的蔓延。

正因为“中年社会综合征”困扰多国，2019年8月哈佛中心（上海）围绕“悟在中场：如何衡量你的事业”的课题进行讨论，探讨现实社会中每个人应该如何度过一生，尤其是处于人生中场的人们。我受邀参加了这个课题的讨论。

哈佛中心（上海）由哈佛商学院和哈佛中国基金牵头于2010年1月在上海正式成立。哈佛中心（上海）是哈佛大学在中国的官方机构，是哈佛大学在美国之外设立的7个研究中心中最大的一个；为哈佛大学所有院校在中国的学术研究、合作，学生交流，以及教学工作提供支持。哈佛大学校长福斯特在哈佛中心（上海）开幕仪式的演讲中表示，哈佛中心（上海）将与哈佛商学院及大中华区事业伙伴紧密合作，全力促进哈佛研讨班及小型课堂的开展，增进哈佛大学全体教员与中国大学、组织和政府之间的合作交流，并为哈佛大学校友创造更多机会。

我参加课题讨论的教室也是完全按照哈佛商学院的教室设计的。案例讨论的主持人是具有哈佛商学院工商管理硕士学位、斯坦福大学社会学硕士学位的哈佛中心（上海）董事总经理黄晶生老师。由于在美国、东南亚等全球许多地区，“人生中场”“人生下半场”成了大众传媒的热门话题，引发人们思考新的人生方向。所以，黄晶生老师根据目前30岁到50岁的中年人所面临的种种困惑和焦虑，研讨我们到底能不能摆脱中年的困惑和焦虑，怎么摆脱这种焦虑和困惑。黄老师为此推荐了两本书，其中一本是哈佛商学院教授克莱顿·克里斯坦森所著的《你要如何衡量你的人生》。当时克莱顿·克里斯坦森罹患了与父亲一样的淋巴癌，正忍受着化疗的煎熬，都不能发音说话了。与病魔抗争的他反复思索自己的人生是否过得有意义，并终于领悟到这样的道理——“上帝衡量我的人生，不是用金钱，而是我可以帮助多少人变成更好的人”。所以，他通过努力锻炼终于再次发声，重新站在哈佛大学的讲台上。这本书告诉我们如何长远地“战略布局”事业，以及应该如何应对自己的中场：

我与女儿、女婿参加哈佛中心（上海）的活动

在这漫漫长路上，如何让自己不迷失？也许和球赛一样，我们需要一个中场让自己沉淀。上半场的你也许正在崛起，在停顿，抑或已成功，但那都不是终点，人到中场你是否开始困惑工作的意义，自己的价值，乃至怀疑人生？

另一本书是毕业于得克萨斯大学及哈佛商学院的鲍勃·班福德所著的《人生下半场》。他的朋友、管理大师德鲁克这样介绍鲍勃·班福德：

鲍勃·班福德出身寒微，11岁起承担生活担子，14岁时父亲突然过世；31岁时，母亲在一场大火中丧生。在他事业蒸蒸日上的日子里，他的优秀独子又突然因意外事故过世。生活的不幸，使他在中年以后决定用他的专长、知识、经验及金钱实现人生的永恒价值。自此，他的人生下半场整个翻转过来。

这本书给我们的启示是：人生的下半场，关键不在于换工作，而在于改变心态、改变观念。

这两本书的作者在人生中场都面临着各种灾难，也面临着各种困惑或无奈。但是，正像很多人读完这两本书在当当网发表评论时写道：像作者一样做一个坚强而乐观的达人，不一样的心态就会有不一样的生活！人生赛程的上半场结束时，我们开始扪心自问："人生不过如此吗？"这两本书帮助我们意识到，这段"中场"时间，正是让人身心苏醒的机会，让人生的下半场不仅拥有成功，更能获得意义，活出风采来！

案例讨论的主持人黄晶生基于哈佛商学院案例讨论形式，聘请了几位拥有不同背景的职场嘉宾，通过他们的亲身经历和体验，一起来探讨“如何在事业的上半场积累、中场调整”“如何摆正自己的下半场心态，让自己成为更好的自己”。有的嘉宾谈道，在自己职业还非常不错的情况下，裸辞工作，想到应该停一下，再去学习以追求更大的发展。也有嘉宾谈道，在同一个单位如何时刻抓住机会做好职业转型，同时也应该在中场时就开始思考或计划自己的下半场。还有嘉宾谈道，人到中年如何拥抱平凡，正如歌手朴树在他最辉煌的时候，中途退场，经过时间的洗礼，休整了十几年，如他在《平凡之路》里演唱的——

我曾经跨过山和大海，也穿过人山人海；
我曾经拥有着的一切，转眼都飘散如烟；
我曾经失落、失望、失掉所有方向，直到看见平凡才是唯一的答案。

是的，绝大多数人并没有上述嘉宾这样多的机会发展自己，那么应该怎么办？就此案例讨论的一位中国台湾嘉宾通过自己在人生中场的所作所为，谈及每个人也要允许自己不完美；他积极倡导应该拥抱平凡，从做一件小事上帮助别人，让别人感到快乐，同时最愉悦的还是自己。这样波涛漪涟波动整个社会，我们的社会就变得和谐了。所以，平凡同样让人获得快乐。正如杨绛所说：

我们曾如此渴望命运的波澜，到最后才发现，人生最曼妙的风景，竟是内心的淡定与从容。我们曾如此期盼外界的认可，到最后才知道，世界是自己的，与他人毫无关系。

我作为下半场的老人，来谈论我是如何度过自己的下半场的。我认为退休只不过是换了一个工作而已，有机会干我自己想干的事情了，利用自己的业务专长，利用自己上班时所积累的专业知识和经验去做科学育儿普及的工作。在这20年中的不同阶段，我给自己树立了不同的奋斗目标。人家有什么新的知识，我就学习这个新的知识，而且为实现这个目标我需要不停地努力学习。从学习电脑、学习打字，在网络上为家长们答疑解惑；做了新浪育儿的第一个专家顾问，又做了新浪育儿0～1岁论坛的版主；接着又开始利用微博、博客以及微信公众平台继续尝试新的知识领域；并且坚持每天保证2小时在微博上义务答疑解惑，帮助家长解决在育儿过程中遇到的难题，同时也了解了家长的需要。我在其中获得了快乐与家长的肯定。为了满足不同层次家长的需求，我还要持笔耕耘写书，保证每1～2年出一本育儿书。为了做好科学育儿理念的普及，惠及广大家长，我前后又参加了中国儿童少年基金会“和孩子共同成长”和中国关心下一代工作委员会儿童发展研究中心主办的“中国母婴健康成长万里行”这些大型公益巡讲活动。我常说：“我在医院上班，每天只是为门诊或者病房的患儿服务。而我现在是在为全国千千万万的家长和孩子们服务，让孩子可以少上医院看病，让父母在备孕或者怀孕期间学习和储备科学育儿的知识。”我觉得退休以后贡献更大了，影响力也更大了。

所以，在最后我对全场人员说：“退休20年，由于自己不停地树立新的目标，不停地学习，给千千万万家长育儿做出指导，我的下半场比中场过得更精彩，我的精神世界变得更愉快、更富有。”

所以，我在此告诫各位中年家长，人在中场要善于积累自己的专业知识和经验，到了晚年再次衡量自己的人生，“不是用金钱，而是我可以帮助多少人变成更好的人”。这段“中场”时间，正是让人身心苏醒的好机会，不仅让人生的下半场拥有成功，还能让生活更富有、精神更富足，更能活出风采，活得更有意义！同时，也不要忘记善待自己的中场。这也会给日益长大的孩子树立良好的榜样，因为父母是他们终生的老师，家庭是孩子的终生课堂！

我希望，我的女儿以及所有中年或年轻家长，千万不要迷失在中场的困惑和无奈之中；也希望女儿如她在这次讨论中说的：“不断挑战自己的弱点，遵从心中的想法；让自己最强的大脑放在最自信的地方，找到自己的优点；点燃自己心中的那团火焰，创造出更大的人生价值。”

为免疫接种知识普及拍摄的公益宣传片

我也希望，我的同龄人把退休当作换一种生活，一定要活出自己的风采来。老气横秋不是我们这代人的代名词，我们为什么还要坚守旧的意识、旧的习俗呢？我们也要意气风发，追求时代的新时尚、新知识，追上时代的步伐，过好自己的下半场。

18

隔代育儿不是那么简单

带孙不是老人生活的全部，要活出自己的精彩来

“在带外孙子的过程中，我也活出了我的精彩”

中国有很多漂泊的群体，有京漂、海漂、南漂……其实，还有一个漂泊的群体，就是“老漂”。据《中国流动人口发展报告2016》数据显示，我国流动人口大约2.47亿，老人近1800万，占全国流动人口的7.2%；其中专程照顾晚辈比例高达43%，与子女团聚养老的占25%。记得《健康时报》刊登了网上流传的一段顺口溜：

是主人吗？说了不算！

是客人吗？啥都要干！

是保姆吗？一分不赚！

是志愿者吗？没人点赞！还要倒贴，这都不算！

也有的隔代人说：

> 带孙烦，带孙难，带孙不能外出玩；
> 带孙苦，带孙累，带孙还没辛苦费。

这么苦，这么累，我们为什么还要带孙呢？因为血缘，因为爱，这就是最好的回答。虽然上述的顺口溜散发着一些负面情绪，但是同时也显示了老人带孙辈的不容易和心酸。甚至有的老人背井离乡，与老伴儿分居两地。《生命时报》曾刊登过一篇名为《带孙焦虑，你有多少》的文章。文章中提出：

> 儿孙承欢本是天伦之乐，但为何身心俱疲？因为这些老人有“回不去的家乡”“躲不掉的矛盾”和“下不去的血压”。

细想一下，我就是属于背井离乡，与老伴儿分居两地。

为了我的独生女儿，为了女儿的事业发展，我不得不在60来岁和老伴儿分开，来到陌生的上海帮助女儿、女婿照顾孙辈。这一照顾就像前面我说的“像一贴狗皮膏药，贴上就揭不下来了”。就这样，在上海我一待就是15年。孩子没有上学时，我还能带孩子经常回北京，看看北京的老朋友，和老伴儿团聚。孩子一上学，我也只能等孩子们放寒暑假才能回北京。有的时候累了，想一想在北京时的舒适生活：早晚我和老伴儿遛一趟公园，不但锻炼了身体，也是和老伴儿沟通交流的好时机；回到家里吃完饭，我和老伴儿各干各的工作；老伴儿还在工作，工作之余他还做了我们小区的业委会主任，生活过得有滋有味。一想到从前的生活，就增添了我对当前的烦恼，尤其是与女儿、女婿在家务事上、在教育孩子上产生了分歧，更增添了我的烦恼。我又想：既然帮助女儿带孩子是不得已的选择，为什么不去想积极的一面？为什么不在带孩子的辛苦中努力活出自己的风采来？

《黄帝内经》中写道："上古之人，春秋皆度百岁，而动作不衰。"说的就是形体和精神要协调，精神生活的满足对身体健康十分重要。

美国密歇根大学的心理学教授埃里克森研究后得出结论："有目标感的老人，生存意识更加明显，健康管理更加有序。"因此，我认为如果老人退休后有工作，会更有存在感，更有目标和成就感。由于自然规律，每个人都要步入晚年，这是无法避免的。但是老人可以通过学习以及参与社会活动，减少精神和心理上衰老的状态，追求和认知社会的新鲜事物；让自己的思维依然活跃起来，让生命之树释放出蓬勃的活力。因此，退休的老人不要闷在家里，走出家务的束缚，在为子女操劳之余，能够选择自己感兴趣的方面积极学习，让自己"志闲而少欲，心安而不惧，形劳而不倦"。心情自然舒畅，充满了自信，影响健康的不良情绪也会消散。

正因为我想通了如何在女儿家更积极地去拥抱生活，在照顾两个外孙子的日子里，利用我的专业优势活出了晚年生活的精彩。

坚持在新浪育儿频道以及新浪微博上开展科学育儿的普及工作——每天上网与全国各地的家长就育儿问题进行交流，为家长们答疑解惑，为此也迫使我必须学习新的专业知识，不能误导家长。

2013年，我的新浪微博点击率超过9亿次，为中国育儿专业大V之冠军。2014年，新浪微博点击率超过15亿多次，2015年又达到21亿次以上，再次获得新浪“最受网友喜爱作者奖”和新浪“伴随成长专家成就奖”。2016年，荣获“新浪微博育儿V影响力No.1”。2017年，获得新浪育儿母婴研究院“专家贡献奖”和微博“2017年母婴最具推动力育儿大V奖”。2018年，我又获得新浪育儿、新浪微博“2018十大影响力母婴育儿大V奖”，以及爱奇艺、百度宝贝知道颁发的奖项。

同时，在这15年隔辈育儿生活中，我还利用周末的时间，到全国各地举办科学育儿公益讲座，尤其是2014年作为中国少年儿童基金会“和孩子共同成长”大型公益活动的特邀专家，走遍了全国40个省（市、地区）进行公益巡讲。也正因为在公益事业上的奉献，在2014年由全国妇联儿童工作部与中国家庭教育学会共同主办的“百名传承好家风的好妈好爸”评选活动中荣获“中国百佳传承好家风的好妈好爸”荣誉称号。2015年，获得全球儿童安全组织授予的专家荣誉证书；因对中国儿童少年教育福利事业作出积极贡献而被中国儿童少年基金会授予专家荣誉证书，并获得新浪育儿“2015年中国儿童公益践行奖”。2016年，被中国关心下一代工作委员会儿童发展研究中心聘为“中国母婴健康成长万里行”特邀专家，开始了全国公益巡讲，仅在2017年就完成了全国34场讲座，2018年完成44场，2019年完成50场；并作为专家参与了中国关心下一代工作委员会儿童发展研究中心主导的“中国母乳库”的建设工作。在2018年，我得到“中国母婴公益杰出人物”荣誉表彰，并由十届、十一届全国政协副主席张梅颖为我颁发证书；被新浪育儿评为该年度“公益影响力人物”，由全国妇联宣传部綦淑娟副部长为我颁奖。2019年，我又荣获“中国母婴科普人物杰出贡献奖”，由中国关心下一代工作委员会常务副主任武韬颁奖。

十届、十一届全国政协副主席张梅颖为我颁奖

中国关心下一代工作委员会常务副主任武韬为我颁奖

退休20年来，除了应邀给一些育儿杂志撰稿外，我还出版了多套育儿书籍，如《您育儿的方法正确吗》《从新手到育儿专家》《育儿路上答疑解惑》《张思莱育儿手记》《张思莱谈育儿那点事儿》《张思莱育儿微访谈》以及《张思莱科学育儿全典》。最让我感到自豪的是，《张思莱科学育儿全典》荣获中华人民共和国科技部“2018年全国优秀科普作品”奖，向全社会推荐阅读，并颁发了荣誉证书。其获奖通知分别发布在中华人民共和国科技部和中华人民共和国中央人民政府网站上。

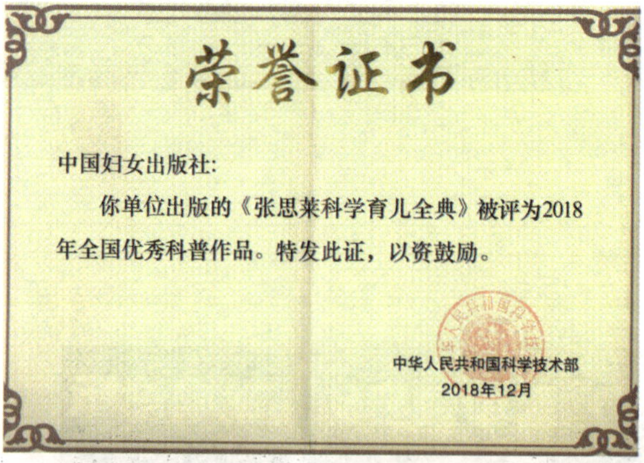
荣誉证书

中国妇女出版社：

你单位出版的《张思莱科学育儿全典》被评为2018年全国优秀科普作品。特发此证，以资鼓励。

中华人民共和国科学技术部

2018年12月

《张思莱科学育儿全典》荣获“2018年全国优秀科普作品”奖

同时，为了向家长和孩子更好地普及科学育儿及成长知识，我又出版了一套“张思莱儿童健康绘本”。没有想到的是，这套绘本刚一出版就向印度、韩国等输出了版权，2019年又获得第三十一届“北方十省市（区）优秀科技图书”一等奖。

“张思莱儿童健康绘本”丛书

可以说，在隔代育儿过程中，正因为有了养育外孙子的亲身体验，再结合自己的专业知识，才让我的作品更接地气、更能联系实际，家长才觉得我写的书更实用。为此，我的作品分别获得了2015～2019年历年的新浪育儿网友喜爱图书作者奖。

我喜欢和年轻人在一起，向他们学习互联网上的各种知识，也像年轻人一样追求网络上一些时髦的知识。我也懂得“蓝瘦香菇”“洪荒之力”“打酱油”“圈粉”“硬核”“拔草”等时髦的网络语言，和年轻的爸爸妈妈交流起来更为方便，也更能打成一片。因为这些年有了奋斗的目标、有了这些追求，促使我在精神上和心理上不衰老、不倦怠，也葆有了年轻人的心态。为了更好地宣传科学育儿理念，我不但在微博上与全国的家长沟通，还建立了自己的微信群。在2014年我又开辟了一个公益项目——创建了名为“张思莱医师”的微信公众号，发布高品质的育儿原创内容和进行答疑互动，不到一年时间就吸引了近30万年轻父母关注。至今平台已经运营6年多了，有了将近百万的粉丝，粉丝量在中国医生个人微信公众号名列前茅。我发布的很多文章点击量都达到10万人次以上，最高达30万点击量，网友活跃度非常高。为此，我的微信公众平台又在2017年和2018年荣获“克劳锐最具影响力母婴亲子自媒体”年度大奖。

每当在公益讲座上看到家长聚精会神地听课，讲课结束后家长回予我经久不息的鼓掌感谢时，我就感到自己仍是一个被社会承认的、有用的育儿专家！当中国关心下一代工作委员会的领导们关心地对我说，“张老师，这样频繁的公益讲座，您累不累呀？可千万不要累着”时，我回答：“我不累，而且非常愉快！我很享受讲课后家长们一次次鼓掌对我的鼓励。特别是看到网络上有家长一次次地强烈表达希望我去他们那个地方讲课以及回复听课后的感谢之言，这些都激励我必须将科学育儿公益巡讲进行下去，直到有一天我走不动了为止。”在带外孙子的过程中，我也活出了我的精彩！感觉比在医院上班时作出的贡献更大了！社会影响力也更大了！

老人一定要学习新的知识，才能跟上时代发展的步伐

随着社会进步，人们生活水平的不断提高，我希望现在的老人不仅关心自己的衣食住行、医疗健康等，拥有“老有所养”的生活保障，也应该将“老有所学”逐渐提上生活日程来，争取做到“老有所为”。

隔代人绝不能以家务事多，照顾孙辈没有时间为借口而拒绝或者较少走出家门，将自己困在家中，尤其是“老漂族”更要注意这个问题。这样做会让我们这些日渐衰老的隔代人更容易过早发生认知功能减退，而且由于社交活动少、结交新朋友少，也更容易发生老年抑郁症。同时，由于缺少运动，还会导致全身肌肉严重退化；尤其是四肢骨骼肌流失得更快，骨质疏松来得更快，这样更容易发生骨折。而且，一旦发生骨折，很难恢复正常。再者，骨质疏松也会使我们的躯干佝偻弯曲，老态龙钟。这样的隔代人更容易生病。一旦生病不但给儿女们添加负担，而且自己也受罪，尤其是长期卧床的老人逐渐就会失能！到那时，我们再后悔就晚了。

衷心劝告老人们：要对当前文化、科技、娱乐等新知识、新事物积极关注。当前，网络飞速发展，知识不断更新，老人一定要学习新的知识，才能跟上时代发展的步伐。例如，最现实的一个新事物就是智能手机。现在无论网购、亲朋好友的联系都离不开智能手机。可是很多老人不会使用智能手机，因此与亲朋好友联系就十分困难，使得自己的生活圈很狭小，以至于思想完全禁锢在旧有的小圈子里。学习使用智能手机对于一些老人

来说困难重重，他们拿起智能手机无从下手。以前使用智能手机输入信息需要会汉语拼音，但我们那个年代是没有汉语拼音的，我就是从五笔字型打字开始，后来重新学习汉语拼音的。现在智能手机已经发展到可以直接书写汉字或者语音转化文字了。使用智能手机是老人应该学习掌握的一个新本领，老人应该再一次当学生；可以让儿女们教你，如果孙辈已经上学，也可以向孙辈学习。当然如果老年大学有电脑、平板电脑、智能手机使用课程就更好了，学会了就可以上网微信或视频聊天了，老人的生活圈就扩大了，接受新知识的范围也扩大了，而不是将自己封闭在小小的家庭圈中。不断地学习才能跟上时代的步伐，更好地融入现实社会中去，让自己的心态更加年轻。不停地用大脑，使得大脑更加活跃，还有利于延迟大脑功能的衰退。

对于隔代带孩子的老人，更应该积极学习科学育儿知识。现在，不但有各种网络视频或者音频的科学育儿讲座，而且还有很多科学育儿的书籍可供学习。对于各种科学育儿的讲座，不但要积极参加，而且也要多向周围的老人宣传科学育儿知识，不做因循守旧的顽固老人。

很多人年轻时由于工作繁忙，顾不上发展自己的兴趣爱好，现在不妨利用退休后的空闲时间，去做自己当初感兴趣的事情，让自己不留遗憾。例如，利用带孩子的空闲去上老年大学，学习各种科学知识不断充实自己；喜欢烹饪的老人可以学习食品制作；喜欢编织和裁剪技能的老人可以去上相关技能的学习班；如果自己年轻时喜欢唱歌跳舞，不妨参加一些合唱团或者舞蹈队，不但可以结交新朋友，还使自己身体更健康、心态更年轻；喜欢时装、爱打扮自己的时尚老人，不妨去健身或参加老年时装模特队；喜欢摄影的老人可以到老年大学学习摄影，在带孩子外出活动时，孩子就是你最好的模特，用相机去捕捉你可爱孙辈的瞬间影像——这也是孩子一生最珍贵的童年瞬间；喜欢写作的，不妨将你养育孙辈的经过、感想、教训每天记录下来，将来留给孙辈，让他长大后看看祖辈为他付出的心血以及自己小的时候种种可爱的表现，这会成为留给孩子终生的礼物。

我就是利用每天空闲的时间给两个外孙写成长日记，已经记满了好几个大日记本。后来我就根据自己的记录以及自己的专业知识编写了《张思莱育儿手记》。当初这套书影响非常大，不断地加印来满足读者的需要，在当当网的好评率达到99.9%。

有的读者留言：

张大夫的书深入浅出，用自己外孙在成长过程中遇到的一些常见问题，告诉新手妈妈们在遇到类似状况的时候该怎么做。我总是参照上面的方法、观念，以及自己想不到的育儿方法来养育自己的宝宝。这套书对我很有用，非常喜欢。

也有的读者留言：

书拿到手立刻开始读了，写得非常通俗易懂，涵盖了很多在孕期和养育宝宝过程中大家会遇到的问题。对我和老公，尤其是即将要帮我们带孩子的父母帮助很大。我如今已经怀孕5个月了，提前学习，以免将来临时抱佛脚。

我记得在与张恒（在古装电视剧《还珠格格》中饰演塞娅公主）拍摄《拜托了妈妈》电视节目时，她对我说：

当我孩子长到某个月时，我就看您的书（指《张思莱育儿手记》）中下一个月孩子应该达到什么样的发育水平、可能会出现的问题、如何去解决这些问题。提前做好思想准备，做到养育孩子心中有数。这套书对我养育孩子帮助很大。

我的大外孙子今年看到这些日记本，感慨地说："姥姥，我要留着这些日记本，这是姥姥当年养育我们的心血结晶！也是我终生难忘的礼物！"

19

我的隔代育儿生活

隔代育儿不是那么简单

如何让隔代育儿做得更好

隔代育儿做得好，需要祖辈、子女以及社会三方共同努力

隔代育儿是现实社会一种无奈的选择，如何将隔代育儿做得更好，需要祖辈、子女以及社会三方共同努力。正如中国科学院心理学研究所博士生导师王极盛所说："现在还不到讨论要不要隔代教育的问题，而是要想办法搞好隔代教育。"

王教授所言极是。既然隔代育儿是当前育儿现实中的一种无奈选择，我们就应该正视隔代育儿，想办法搞好隔代育儿。目前隔代育儿我认为最主要的问题是：祖辈落后的养育观与现代育儿观的碰撞，以及年轻的家长不能承担起育儿第一责任人的重担，还需要从国家层面给予大力支持。

《母婴世界》杂志也刊文《如何让隔代教育变特色教育》，其中谈道："心理专家认为，隔代教育只是一个过渡时期，究竟好不好，不能一

概而论。只要注意方式方法，隔代教育也可以一举三得，让父母轻松，孩子有长进，老人有所寄托。”

如本书所说，隔代育儿是我国的传统习惯，如处理得当，对老一辈来说是含饴弄孙，享受天伦之乐；对年轻父母来说，解除后顾之忧，可以更好地打拼事业，无负担地投入到工作中去，也能更好地尽孝，照顾日益衰老的父母和逐渐成长的子女；对孩子来说，能从祖辈身上学到更多的人生智慧和传承中华民族的优良传统，也能享受父母之爱。

习近平总书记就有关家庭问题曾谈道：“中华民族自古以来就重视家庭、重视亲情。……家庭是社会的基本细胞，是人生的第一所学校。不论时代发生多大变化，不论生活格局发生多大变化，我们都要重视家庭建设，注重家庭、注重家教、注重家风，紧密结合培育和弘扬社会主义核心价值观，发扬光大中华民族传统家庭美德，促进家庭和睦，促进亲人相亲相爱，促进下一代健康成长，促进老年人老有所养，使千千万万个家庭成为国家发展、民族进步、社会和谐的重要基点。”

其实，隔代教育也是家庭教育的重要组成部分，不是所有的隔代教育都会出现溺爱、不科学喂养以及完全沦为“落后于时代”的代名词。正如2019年5月14日全国妇联、教育部、民政部、中国关心下一代工作委员会等九部门发文《全国家庭教育指导大纲（修订）》谈道：“充分发挥家庭各成员角色的作用。指导家长积极发挥父亲在家庭教育中的作用；了解父辈祖辈联合教养的正面价值，适度发挥祖辈参与的作用；引导祖辈树立正确的教养理念。”让隔代育儿做得更好，必须祖代和父代两代人共同努力，达到一致的理念，才能让孩子茁壮成长。

社会在不断进步和发展，帮助子女照顾第三代的老人们也要不断学习科学育儿知识，不要因循守旧，正如我前文所讲，要活出自己的风采来。如果你非常爱自己的孙辈，就应该学习科学养育孩子的知识、接受新的育儿观，只有这样才能让孩子健康成长，培养他们成为对社会有用的人才。作为老人，我也参与隔代育儿，为了我的孙辈，也为了更好地推广科学育儿的知识，也在不断地学习科学育儿的知识。同时也不断地向年轻一代学习，更要跟上时代的步伐，千万不要以长辈自居，顽固坚守自己错误的观点。

父母照顾孩子，其实是最为合理和更加自然的养育方式，所以无论祖父母（外祖父母）是多么好的育儿专家，多么喜爱孩子，都不要越俎代庖，尊重儿女管教他们的孩子，要甘当幕后英雄。作为祖辈，我特别想对同龄人说：你要是爱你的女儿或者儿子，想为他们一辈子的幸福着想，就不要表现得太自私，把孙辈当成自己的私有财产。这对孩子完全没有好处，会影响儿女与孙辈的亲子依恋关系的建立。安全的亲子依恋关系，对孩子的人格完善起着重要的作用，也能促进孩子的社会性发展和建立良好人际关系，使他最终能够很好地适应社会。

也请年轻人不要一味地责怪老人。要明白，隔代人并不是抚养孩子的第一责任人，他们没有义务和责任帮助你们带孩子。他们能够牺牲晚年的安逸生活来帮助你们照看孩子，让你们能够安心地工作，这一切都是因为爱你们，再加上和孙辈有着密不可分的血缘关系。所以作为晚辈，首先要感恩他们，一要感恩他们把你（或配偶）抚养成人所付出的辛苦！其次要感恩他们为你们成家立业所作出的贡献！更要感恩他们晚年为你们辛苦、细致周到地照看孩子！在感恩的前提下，试着接纳自己父母的平凡和不完美，我相信面临着的所有育儿问题都能很好地解决。

我想对年轻的父母说——老人的旧有观点未必全不对

在与老人沟通时，也需要换位思考：你认为父母（或公婆）的育儿观不正确，难道自己的育儿观就都正确吗？我举个例子：

何时给孩子进行如厕训练往往是祖辈和父辈矛盾的焦点。我国传统观念（世界上的很多国家也有同样的传统观念）认为孩子尚在襁褓里就应该开始进行大小便训练，当孩子学会坐或走的时候就应该开始进行如厕训练。所以，老一辈认为孩子应该早早开始进行如厕训练为好；而年轻一辈则受西方亲密育儿法的影响，认为早期训练有害，西方三四岁大的孩子穿纸尿裤的比比皆是，依照孩子的天性延迟如厕训练为好。其实对于如厕训练何时开始，目前国内外的育儿界也存在很大的分歧。我在当当网创始人、知名文化企业家李国庆创立的“早晚读书会”上阅读了美国著名家庭心理学家约翰·罗斯蒙德所著的《可怕的两岁》这本书。

作者的育儿主张和斯波克、西尔斯等中国家长非常熟悉的育儿专家完全不同。他认为，理解和接纳不等于放任不管，父母应该在孩子2岁左右开始进行恰当的管教。2岁以前，家庭应该以孩子为中心，父母应该时刻关注和满足孩子的需要；而2岁以后，就不能再以孩子为中心了，父母应该减少对孩子的关注，引导和规范孩子的行为。同时作者在谈到如厕训练时，他认为开始如厕训练的最佳年龄是1岁半到2岁。因为这时开始训练，孩子还没进入第一反抗期，比较容易听从父母的指令；过晚开始训练，孩子容易出现憋尿、便秘、拒绝使用马桶等问题。

相反，一些西方专家，以斯波克（著有《斯波克育儿经》）和西尔斯（著有《西尔斯亲密育儿百科》）为代表的延迟训练观点认为：

- 孩子2岁之前开始训练需要使用强制手段，这可能会对孩子造成心理伤害。
- 随着年龄的增长，他会更容易学会。将如厕所需要的设备使用方法教给孩子，在没有父母帮助的情况下，孩子就能自己掌握如厕方法。
- 在孩子显出明确的学习意愿之前，父母不应该试图对其进行训练。
- 一旦启动了如厕训练，若中途出了问题，父母应该让孩子退回穿纸尿裤阶段，过一段时间再进行训练。

针对这些观点，约翰·罗斯蒙德在《可怕的两岁》一书中也一一进行了批驳。最后，他认为如厕训练应该在1岁半至2岁开始训练最为适宜。过晚训练，孩子对排尿和排便就失去了敏感性，排尿和排便的条件反射也很难建立。因为错过了大小便学习和如厕训练的敏感期，以后再训练就会遇到很多麻烦，会困难很多。孩子过了1岁，自我意识情绪逐渐发展，害羞的情绪开始发生，随之而来的是羞愧感产生，如果到了3岁还在使用纸尿裤和尿布的话，孩子会为此感到羞耻，就会产生自卑感、孤独、焦虑、胆怯等心理。因而，作者也不赞同在孩子2岁以后才开始训练。除了前面的原因，还因为孩子进入到可怕的2岁会产生本能的反抗，而1岁半时孩子还是喜欢听从父母指示的，而且如果孩子已经养成了随地大小便的习惯再纠正就更困难了。

美国教育学专家琳达·索娜在其著作《婴幼儿早期大小便训练》一书中也针对斯波克等人的观点进行批评："从20世纪60年代起，一次性尿布行业已拥有几十亿美元的资产，其婴幼儿顾问极力主张晚一些进行大小便训练会更好。此后不久，很多儿科医生和婴幼儿专家响应这一建议，等孩子到2岁以后才开始训练。专家们告诉父母，早期练习会造成心理伤害，并会惹来长期的麻烦。把孩子的心理需要和身体健康完全割裂开来，鼓吹心理健康高于一切，尊重孩子的自由。家长们深信不疑，他们认为早期训练的确有害。延迟训练曾给商家和父母都带来利益。"同时她还认为："在把孩子当作朋友的养育观念的新时代里，许多家长认为，只要孩子开心，那么他们就会身心健康……这种教养方法无疑使大小便训练更加困难。"

实际上，孩子的身体健康和心理健康是密不可分的，而且是互相影响的，二者缺一不可。因此关注孩子的心理健康，同时也必须关注孩子的身体健康，只有孩子身体健康才能获得心理健康。孩子及早进行大小便训练有助于身体健康。琳达·索娜还列举了E.贝克曾在2001年《北欧泌尿学与肾脏学》杂志发表的文章，公布针对个人和家庭情况各方面评估问卷的结果：在11岁大的儿童中，有膀胱疾患的孩子都是在2岁以后才开始大小便训练的。以此说明推迟大小便训练可能会对孩子远期产生不良的影响。

另外一些权威儿科专家，包括我国一些儿科专家，对这一现象也进行了论述。如《诸福棠实用儿科学》第7版中明确提出："小婴儿的膀胱黏膜柔嫩，肌肉层和弹力纤维发育不良，埋于膀胱黏膜下的输尿管短而直，抗尿液反流能力差，易发生膀胱输尿管反流。随着年龄的增长，此段输尿管增长，肌肉发育成熟，抗反流机制逐渐增强。5～6个月后条件反射逐渐形成，在正常的教养下，1～1岁半可以养成主动控制排尿的能力。”

所以应该尽早地对孩子进行大小便训练，以便形成条件反射，让孩子享受到皮肤干爽、清洁带来的舒适和满足，逐渐学会控制大小便，完成如厕训练。更何况1岁半～2岁还是孩子养成如厕习惯的关键期。

通过上面的分析可以看出，老人的旧有观念未必全不对（当然我也反对过早地给孩子把尿），年轻人所认为的科学育儿理论也未必全对。

现在，有一些年轻人不能很好地担负起养育孩子的第一责任人重担。生而不会养，尤其是一些农村外出打工的年轻人，生完孩子后把孩子扔给老人，极少陪伴孩子。孩子成了留守儿童，成了有父母的“孤儿”。说实话，这些孩子与孤儿又有什么区别?！很多家长虽然与孩子在一起生活，但很少陪伴自己的孩子，把孩子甩给家里的老人或者保姆，即使在家也没有认真陪伴自己的孩子。

陪伴孩子一定要踏踏实实地从生活点滴做起。孩子就是你的“作品”，如果这个“作品”培养得不好，影响将是终生的。这不像机器零件坏了可以重新换，孩子的成长没有第二次，希望家长们一定要特别重视。

还有的年轻爸爸妈妈以工作为借口而不能全心全意陪伴孩子。没有与孩子用心去互动和交流，因此他们也不理解自己的孩子，更不了解孩子心里想的是什么。自认为给了孩子丰富的物质生活就可以了，却没有满足孩子的心理需要。

隔辈亲也往往使得有些祖父母难免溺爱孩子，造成孩子的独立性差。孩子依恋的对象往往是祖父母。父母与孩子形成的依恋关系就如前面所说的回避型依恋或者反抗型依恋关系。回避型依恋造成孩子对父母感情淡漠，对婴儿个性的成长是不利的，这一类孩子将来就会趋向内向、缺乏待人热情，难以养成开朗、乐观的性格。而具有反抗型依恋的孩子对父母缺乏信任感，将来很可能形成多疑、紧张、脆弱的性格。当孩子出现问题再后悔就晚了，因为已经没有走回头路的机会了，孩子也没有第二次成长的机会了！

所以在这里我想对年轻的父母说：首先，承担养育的责任。不少年轻父母自己本身就是独生子女，也是当初被父母娇宠长大的一代人，没有足够的能力独自照顾孩子；还有极少数的父母，没有做好当父母的准备就有了孩子，自认为还没过够二人世界。于是，他们高兴的时候把孩子带着玩儿，不高兴的时候就把孩子甩给祖父母，自己落得一身轻。但是，如果年轻父母没有承担起养育的责任，完全依靠老人，对孩子的成长是非常不利的。同时，要看到老人由于年龄的关系，行动愈发缓慢，思想也往往趋于保守，所以老人们希望孩子安静、乖巧、循规蹈矩。这确实不利于孩子活泼天性的发展和创新思维的培养。所以，年轻父母应该用陪伴建立孩子的安全感。年轻父母不论工作多忙，既然有了孩子，就应该主动承担起养育的重任，弥补老人带孩子的一些缺陷，让孩子健康、快乐地成长。

每天应该尽量抽出1～2小时的时间与孩子一起玩耍、沟通。亲子依恋关系是在双方的互动中建立起来的。只要获得了父母的积极回应，孩子便会拥有安全感和更多的自信。

如果确实由于种种客观原因，年轻父母不能亲自养育孩子，不得不交由祖父母照料，那么也应该密切关注孩子的成长、发展和变化。可以每天给孩子打电话、视频聊天等，让孩子经常听到或看到父母的声音和影像。还可以请求祖父母经常告诉孩子：他的爸爸妈妈虽然不能陪在身边，但是很爱他。在教育上，两辈人也要尽量做到协调一致。只有这样，孩子才能与父母建立起亲密关系。

其次，感恩教育不可缺。年轻父母与孩子在一起时，要教导孩子不要忘记祖父母（外祖父母）照顾他的辛苦，教会孩子感恩。同时，自己要作出表率，关心老人、尊敬老人。千万不要把婆媳恩怨、翁婿不满灌输到孩子的脑海里，到头来两败俱伤，自己生活不幸福，也害了孩子。

在“今日头条”我看到这样一篇文章——《为什么我们离父母越来越远？这是我听过最扎心的回答》。我一边看一边流泪，尤其看到下面的文字：

原来父母，才是世界上最大的备胎。你忘了问，他们不敢说，亲情便越来越沉默。慢慢地，父母都变成了最“懂事”的孩子，小心翼翼。……孩子没空回家，母亲就“懂事”地把儿孙绕膝的团圆愿望咽进肚子，不给孩子添麻烦。不打扰，是父母给我们最心酸的温柔。……有人说，这是最好的时代，也是最坏的时代。……我们与父母疏远，从“一个追不上，一个等不及”开始……整个世界都走得太快，只有老人步履蹒跚，艰难地跟上节奏。但很多时候，不是他们不努力，而是真的有心无力。……是啊，我们的父母都过时了。他们不懂网红，不懂电商，不懂段子和流行梗，不能理解我们的世界，无法与我们有共同语言。而我们呢？我们忙着涌进时代潮流的那扇门，却等不及给父母留一扇窗。我们嫌弃父母老土、古板，却忽略了他们其实一直在追赶我们的步伐，拼尽全力。你等不及，他们追不上，彼此的距离便越来越长。……我们为什么离父母越来越远？那是因为我们给予父母的，实在太少太少。

文章最后引用了综艺节目《我家那闺女》里高亚麟的一句话：

父母是我们和死神之间的一堵墙。……父母在，你老觉得有一堵墙挡在你和死神之间。父母一没，你直面死神，你开始能清晰地看到你人生的尽头。

还是珍惜这堵墙吧！所以文章结尾写道：

别吝啬你的时间，别给自己太多的任性。这份人世间最珍贵的爱，别空留了遗憾。

在这里，以我自己作为祖辈人育儿的感受，也作为年轻父母的亲密朋友，想对年轻的父母说："不要总嫌弃你家的老人经常有一些旧有的观念、旧的价值观；认为他们固守旧有的习俗，顽固不化，而一贯否认他们。他们也需要你的关心和呵护，也希望体现自己的存在价值。他们的自我意识也很强，需要你的认同。更何况你所主张的育儿方法或理念也不见得都是正确的。对老人的错误做法是否采取的是针尖对麦芒般的一味否定？你是否给老人一些时间或者帮助他们去参加一些科学育儿的学习班或者讲座，帮助他们学习一些科学的育儿知识，让他们逐渐接受现代育儿的科学理念？是否采取了更合适的方法就育儿问题与老人进行沟通？更重要的是，在育儿的过程中，你自己是否真正履行了第一责任人的职责，并积极学习科学育儿的知识来提升自己？

“隔代育儿”与“三代共养”

就当前中国国情来说，家里有老人替儿女照看第三代，是一个很不错的选择。老人有照顾孙辈的独特优势，当然也有不足。这就需要老人和年轻父母相互理解，取长补短，共同给孩子营造一个美好、幸福的成长空间。

我很崇尚祖孙三代在一起生活，清楚祖辈带孩子的一些优势。他们因为与孩子有血缘关系，对孩子的爱绝不亚于孩子的父母。而且老人在照顾孩子方面，可能有优于年轻父母的地方。时代在进步，许多老人也都与时俱进。我在全国各地的早教讲座中，经常看到爷爷奶奶、外公外婆的身影，他们都在认真地学习着新的育儿知识，而且还能根据自己丰富的育儿经验及时发现一些问题，将新学到的育儿知识运用到实践中去。

在日常生活中，他们更能及时发现孩子的问题。年轻父母由于工作压力大、时间紧，有时会因为疏于和孩子沟通而不能及时发现孩子的问题。相反，祖父母时间宽裕，比起年轻父母，更能较早地发现孩子的一些问题，并与之沟通和交流。因此，由老人带大的孩子遇到一些事情时，往往比较镇定，愿意与别人沟通，总是愿意积极寻求解决的方法。

我的大外孙铭铭在2岁6个月大的时候，最喜欢到淮海公园骑车玩。给他买了又酷又大的新自行车之后，却好几天不去了。我感到奇怪，赶紧问了情况。原来是铭铭没有把新车借给小朋友骑，遭到了小朋友爷爷的批评，还被孤立了。弄清楚情况后，我和铭铭的父母在当天晚上就讨论了这件事，决定教孩子学会如何在公平的情况下分享，并教会孩子一些交往的技巧。

老人拥有更多的生活阅历和更为宽容的心态，老人的很多价值观念和生活方式可能对孩子的教育和影响更好。比如，老人经历了人生的风风雨雨，大多比较豁达、开明，他们看待问题也有更多的角度，解决问题的方式也更加智慧。

有一次，我从外地讲课回来，看见扑进我怀里的铭铭眼睛有些红肿，于是马上问女儿是怎么回事。女儿说是因为刚才铭铭和爸爸玩搭积木正玩得开心，爸爸却被一个电话叫到书房里去回复邮件。铭铭没有玩够，总跑去书房找爸爸问搭积木的问题，爸爸无法专心工作，就把他关在了门外。铭铭哭了起来，爸爸却说："要哭去卫生间哭，不要吵我。再哭，谁都不喜欢你了！"结果小家伙真的到卫生间哭去了，而且一想到谁都不喜欢他了，就越哭越伤心。

我听后，先是把新买的绘本拿给铭铭，告诉他先自己看看，一会儿去给他讲。然后严肃地告诉女儿、女婿："孩子的思维是简单的，他还处于玩儿的兴奋状态里，而且崇拜爸爸什么都懂，跑去问爸爸问题是很正常的表现。他只是还不会分场合和时机，应该对孩子更宽容一些。另外，他只能通过语言理解具体的事物，还不能做复杂的分析和综合。所以和孩子说话，一定不要说反话，一定要说明白、好好说。”女儿、女婿听完后都非常认同我的分析，女婿赶紧去给铭铭讲故事，来补救刚才的不当做法。

我特别赞同三代共同生活。这是因为现在中国有2.5亿60岁以上老龄人口，有上亿儿童，他们的服务问题涉及绝大多数家庭。但是这方面供给是不足的。目前，现有养老机构能满足每100人有3个床位。据有的大城市统计，90岁以后的老人才能进养老机构。全面实施两孩政策以后，托幼难问题也非常突出。虽然政府已经提出社区养老、托幼服务可以免税，但正如十三届全国人大二次会议闭幕后国务院总理李克强答中外记者问时说：“现在我们即便继续加大养老机构、多功能幼儿园发展的力度，还是跟不上需求增长的速度。”所以在国务院颁发的《健康中国行动（2019—2030年）》中明确提出：“逐步建立支持家庭养老的政策体系，支持成年子女和老年父母共同生活，推动夯实居家社区养老服务基础。”

现在的80后、90后多是独生子女，由于我国经济的发展，很多年轻人都离开父母和故乡到外地打拼，无暇照顾日益年迈的父母。随着我国社会老龄化问题日益严重，而养老福利设施又无法跟上，年迈的父母将是年轻人的沉重负担。与此同时，社会托幼设施也不完善。三代共同生活就实现了老有所养、幼有照顾的目的，解决了三代人的后顾之忧，何乐而不为呢！

我注意到，美国的隔代教养现象也在与日俱增。美国从政府到社会组织、专家和学者都很重视隔代教养的老年群体，并提供各种干预实践，包括：政府制定和建立综合性法案给予隔代教养援助，同时协助隔代教养家庭获得支持性服务、咨询、临时护理、辅助服务等4种基本服务；各个州可以使用高达10%的财政资金支持60岁以上的祖父母照顾者和儿童保健；还成立了美国预防服务小组提供广泛的预防保健；专家学者加强祖父母管理儿童行为的技能或为祖父母提供情感支持；为隔代教养提供以社区为基础的健康和社会服务；有效增强祖父母教养儿童的独立意识和信心……最终使祖父母具有既定目标，且能依靠知识和能力成为实现这一目标的成功者。

全国政协委员、民革中央副主席高小玫提出："0～3岁婴幼儿养育支持是当下备受关注的民生短板。由于机构育幼服务供给严重不足，沉重的育儿照护重任牵制着女性的职业发展，普遍的隔代养育则以祖父母巨大的付出为代价。缺乏社会服务支持的育儿，削减着家庭的美好生活。"

既然国家在短期内不能解决婴幼儿照护问题，我们也呼吁国家有关部门更多地支持隔代养育，进一步完善保护老年人权益的法律法规；加大对隔代抚养的老人身体、心理方面的关注和资金方面的支持；动员社会力量给予隔代养育支持和帮助；向老人提供儿童正常生长发育、预防接种、科学喂养、日常保健、情感需求方面的指导；将科学育儿知识教育做到基层中去，在老人获得自身健康的知识同时，也获得儿童身体健康和心理健康的知识。

链接

关于促进3岁以下婴幼儿照护服务的政策与指导

2019年3月5日，国务院总理李克强在代表国务院向十三届全国人大二次会议所作的《2019年国务院政府工作报告》中专门提到："婴幼儿照护事关千家万户。要针对实施全面两孩政策后的新情况，加快发展多种形式的婴幼儿照护服务，支持社会力量兴办托育服务机构，加强儿童安全保障。"最近国务院办公厅下发了《关于促进3岁以下婴幼儿照护服务发展的指导意见》（以下简称《意见》）。《意见》中强调，到2020年，婴幼儿照护服务的政策法规体系和标准规范体系初步建立；到2025年，婴幼儿照护服务的政策法规体系和标准规范体系基本健全。为此前处于政策空白期的0～3岁托育服务行业，首次提供了国家级的发展指导意见。

《意见》中也明确指出："家庭为主，托育补充。人的社会化进程始于家庭，儿童监护抚养是父母的法定责任和义务，家庭对婴幼儿照护负主体责任。发展婴幼儿照护服务的重点是为家庭提供科学养育指导，并对确有照护困难的家庭或婴幼儿提供必要的服务。""加强对家庭婴幼儿照护的支持和指导。……加强对家庭的婴幼儿早期发展指导，通过入户指导、亲子活动、家长课堂等方式，利用互联网等信息化手段，为家长及婴幼儿照护者提供婴幼儿早期发展指导服务，增强家庭的科学育儿能力。"

对于婴幼儿照护服务，不少地方政府都制定了"政府引导，家庭为主，多方参与；鼓励社会组织、企业、事业单位或个人举办；面向3岁以下幼儿，尤其是2～3岁幼儿实施保育为主、教养融合的婴幼儿照护的全日制、半日制或计时制机构”的有关文件。值得注意的是，1岁内的婴儿应以家庭照护为主。

国家卫健委在2019年10月8日开始实施的《托育机构设置标准（试行）》并指出：托育机构设置应当综合考虑城乡区域发展的特点，根据经济社会发展水平、工作基础和群众需求，科学规则，合理布局；新建居住区应当规划建设与常住人口规模相适应的托育机构，老城区和已建成居住区应当采取多种方式完善托育机构，满足居民需求。文件还对具体托幼机构场地性质、建筑选址、室内设施、室外场地、人员规模、保育人员与婴幼儿配比等都提出了具体要求。

全国妇联、教育部、民政部、卫健委、关工委等九部委共同发文《全国家庭教育指导大纲（修订）》，为家长提供了科学化、专业化、规范化的指导服务。同时对每个年龄段家庭教育指导要点进行了修订调整，具体包括：对每个年龄段身心发展特点进行了更为科学的表述；除了新婚期、孕期以及0～3岁年龄段外，其余每个年龄段都增加了家庭道德教育的指导内容；每个年龄段的指导内容要点按照德、智、体、美、劳的逻辑展开。

后记

当本书完稿以后，我听说赵忠心教授、王东华教授以及蔡明老师都为我的书进行推荐，不禁让我惊喜万分，内心感激之情油然而生！

赵忠心教授是我国第一位在高校开设家庭教育学课程的教师，也是第一位家庭教育方向的硕士研究生导师，是我国当代家庭教育科学研究的开拓者，出版了我国第一部家庭教育基础理论研究著作——《家庭教育学》。凡是关心和了解家庭教育事业的人，赵忠心教授这个名字可以说是耳熟能详。他提出家庭教育是终身教育，家长是素质教育的资源，研究如何正确认识并有效地教育独生子女，以及他对中国家庭教育传统的研究都深深地影响了我！记得我生了女儿之后，就经常拜读赵忠心教授发表在各种报纸和杂志上的文章，他的家庭教育研究的观点对我处理家庭关系以及教育女儿方面，起到非常大的指导作用。女儿在上学期间表现得非常优秀，尤其被保送到北京大学后，不少出版社找到我，希望出一本介绍如何培养女儿的书。当时市面上已经有了不少这样的书。我相信赵忠心教授所说："成功的家庭教育经验是有一定价值的，但任何经验都是有局限性的，不可照抄照搬。因为每个家庭和孩子都是特殊的。"我毅然拒绝了出版社的邀约。

王东华教授是《发现母亲》的作者。他提出："正是母亲摇摇篮的手推动了世界的发展，母亲的素质决定着民族的未来和命运。我们也许无法成为天才，但是可以努力成为天才的父母亲！"记得《发现母亲》这本书刚出版时，我就购买了。后来我又陆续买了修订版。从书中我深深了解到作为一个母亲在孩子成长过程中举足轻重的地位。作为职业女性的我，厌恶为了工作连孩子的生活、学习都顾不过来的女强人。我尤其赞同王东华教授在《发现母亲》中说的这句话："这些女强人是用孩子'抵押'来的勋章获得成功和荣誉的。其实，这正是这个女强人最大的失败。"我也常常用这句话与作为女强人的女儿共勉！

蔡明老师是我国著名表演艺术家，国家一级演员。她主演了一系列大众喜闻乐见的喜剧作品。最近蔡明老师开了一个给小朋友讲故事的公众号"开心奶奶"。我曾有幸和蔡明老师一起参加拍摄了《拜托了妈妈》电视节目。她说："过去27年春晚，我陪伴了80后、90后长大。现在你们都长大了，有很多人都为人父母，有了自己的孩子。我呢，特别会讲故事。可是我知道，你们现在正处于事业和工作的上升期，都特别忙，回到家里哪有精神再给孩子讲故事。蔡明阿姨老了，可以升级'奶奶'了，让我来给你们的孩子讲故事，陪伴你们的小朋友长大。"她还说："我现在手边永远有一本童话书，因为我要选，选好了才能讲给孩子们听。"蔡明老师这样有成就的名人还在不断学习、工作，我有什么理由不去学习、去更新自己的专业知识呢！

再次感谢赵忠心教授、王东华教授、蔡明老师！